Daniel Cramer

Antiquarius - Beschreibung unheiliger Heiligkeit der Päpste

Daniel Cramer

Antiquarius - Beschreibung unheiliger Heiligkeit der Päpste

ISBN/EAN: 9783743695108

Hergestellt in Europa, USA, Kanada, Australien, Japan

Cover: Foto ©ninafisch / pixelio.de

Weitere Bücher finden Sie auf **www.hansebooks.com**

ANTIQVARIVS,
Das ist:

Gründtliche

vnd kurtze/ wie auch warhasstige Beschreibung/ vnheyliger Heyligkeit/ vnd heyliger Vnheyligkeit der Bäpste/ Cardinäln/ Abten/ Prælaten/ der Mönch/ Nonnen
vnd Jesuiten:

Mehr als auß achtzig vnverdächtigen Alten
vnd Neuwen Bäpstitischen Zeugen vnd Scribenten/ so der günstige Leser nach Ende der Vorrede
beysammen verzeichnet finden wirdt/ bona
fide zusammen getragen.

Durch
DANIELEM CRAMERVM
der H. Schrifft Licentiatum, Professorn
zu Stettin vnd Predigern zu S.
Marien daselbst.

Gedruckt zu Franckfurt am Mayn/
durch Johann Spies/ Im Jahr
M. D. XCVI.

Vorrede an den Jesuiti-
schen Pater Georg Musculum oder Meuß-
ler/ Zerstörer der Kirchen Gottes zum Tuitzet
vnd an andere günstige Leser.

ES gibt freylich grossen vnwiderbringlichen Schaden/ wie die tägliche Erfahrung besagt/ wann einem getrewen Ackersman eben zu der Zeit/ wenn er an seinen Ackerbauw alle Arbeit angewandt/ auch so weit gebracht/ daß er das erehrnte Korn in die Scheuren versamlet/ wann/ sag ich/ als dann ihme heyllose Ratten vnd Mäuß ins Korn gerahten/ so da in die Garben eynnisteln/ das Korn verschroten vnnd zermalmen/ auch neben sich schädliche Jungen außhecken.

Wieviel mehr solte dann nicht weit grössern vnnd höhern Schaden bringen in der Kirchen Gottes/ als deß himmlischen Sämanns Schewren/ wann allda in das wol durchs H. Euangelion eyngesamlete Korn/ solten Ratten oder Rottengeister eynnisteln/ vnd mit ihrem gifftigen Gebiß demselben Schaden zufügen.

A ij   Geschicht

Vorrede.

Geschicht es/ so müssen warlich getrewe Ackersleute mit ihren Dienern fleissige Sorg tragen / wie sie dem Vnglück stewren: Ja wol zuvor/ ehe solche schädliche Thiere kommen/ vnd man vermercket/ daß sie bey den Nachbawren eyngenistelt haben/ verhüten/ daß sie auch nicht weiter außlauffen vnd vmb sich greiffen mögen.

Wann dañ nun / leyder / Gott sey es geklaget / der Teuffel zu vnsern letzten Zeiten also tobet/ daß nach dem einmal auß der Kirchen Gottes die Bäpstische Hewschrecken (davon Johannes in seiner Offenbahrung am 9. Capitel weissaget) so da das wachsende Korn noch in seiner Blüt verderbten / durch das Liecht deß heyligen Euangelij außgestübert seyn / er jetzo auff eine andere Weise / nemlich mit Mäußen / so dem eyngesam̃leten Korn schädlich seyn/ hereyn schleicht / vnnd auch so weit gerahten/ daß er auß Polen biß an die Newmarck vier Meilen von meinem lieben Vatterlandt / vñ also zwölff von diesem Ort Stettin gelegen / schon kommen ist: So wil ja zwar getrewen Bawleuten in der Kirche GOttes geziemen / solchem Vngezieffer in der Zeit zu wehren vnd fürzukommen.

Wer diese Ratten vnd Mäuße seyn / darff nicht lang Fragens/ dañ der Jesuit MVSCVLVS trägt den Nam̃ẽ mit sich/ dem er darvmb in der That nachkompt:

In dem

Vorrede.

In dem er die Euangelischen Kirchen in berührten Tuttzischem Ort hefftig angreifft/ vnnd die Euangelische Lehrer auffs eusserste mit schwehren Bedrängnüssen verfolgt/vnd also die heylsamen Euangelischen Garben zerschneidet vnd verstreivet.

Vnd damit diese Mäuße desto känntlicher seyn mögen/ soll der Christliche Leser wissen/ daß sie alle einen König haben/ nicht zwar wie andere RattenKönige gestalt/ sondern der da eine dreyfache Krone auff dem Häupt trägt/ vmb welchen etliche mit breiten rohten Köpffen/etliche mit Spitzköpffen/ etliche mit viereckten Pareten/ etliche mit kahlen Platten herumb lauffen. Derselben Mäuße Naturen findet man nicht im Plinio, sondern bey andern geistlichen Kirchenlehrern weitläufftig beschrieben.

Weil aber vns zu besorgen steht/diese Mäuße möchten weiter eynhecken/vnd von vnsern Nachbawrn auch zu vns eyndringen(weil sie so weit auß Franckreich vertrieben alhie eynnistlen)so erfordert ja von vns die hochdringende Noht, daß wir bedacht seyn/ wie man denselben wehren möge/ welchs auch vns als benachbarten zum allermeisten gebühren wil. Dann ja dein Schade wachet/wann deß Nachbawren Hauß krachet.

Es besindet sich aber/daß wie man andere Mäuße

A iij   mit

Vorrede.

mit Katzen/Mäußfallen vnd Antimonio vertreibet/ also kein besser Rattenpulffer für diese Mäuß sey/ als daß man nur ihre Gestalt/ Natur/ Wercke/ Geschicht vnd Eygenschafftē fleissig auffs Papier zeichnet/ vnd allezeit vmb her bey sich im Busem (ja im Hertzen) trägt. Dann als bald sie dieses riechen vnd mercken/ mögen sie nirgend tauren vnd außhalten. Vnd gehet inen hie/ wie man vom Basilisco wil schreiben/ wann der sich selber im Spiegel sihet/ so ergifftet vnd tödtet er sich selbst.

Daher seyn wir bewogen worden/ zu dem Ende diesen Antiquarium auß thewren/ bewehrten Zeugen (so von dieser Mäußart schreiben) zusammen zu tragen/ nit in frembder/ sondern in der Muttersprache/ dem gemeinen Man zum bestē/ daß er dessen Christlich gebrauchen könne/ sich in der Schewren Gottes zu verwahren/ damit er von diesen Mäußen nicht möge/ mit seines Leibes vnd der Seelen Nachtheil beschädigt werden. Was die Historica betreffen/ hab ich von Meinem nichts hinzugesatzt/ sondern wie ichs bey den Scribenten wahr befunden/ also wahrhafftig außgezogen.

Jetzo aber habe ich dieses dir/ lieber Muscule, neben andern günstigē Lesern zum Eyngang dieses Buchs entdecken wöllen/ damit du wissen mögest/ man habe deine Nothas notas Ecclesiæ, so du den Predigern deß

Orths

Vorrede.

Orths fürgelegt/gesehen vnd gelesen/dieselb fur nichtig geachtet/vnd hierauß/weil du dich auff die Antiquitet, Succession der Abgestorbenen Bäpste gewaltig gegründet/Vrsach genommen/diesen Fleck etlicher massen außzuklopffen vnd Augenscheinlich darzuthun/daß er sehr wurmstichig/vnnd solche Mackel oder notas in sich habe/die nicht die wahre/sondern vielmehr die Antichristische Kirche bezeichneten.

Were derowegen noch etwan bey dir Lieb der Warheit vnd Erkäntnuß Gottes/ so verleihe Gott/ daß du hiedurch zum Euangelio bekehret werdest/ von deinem Saulischen Wesen ablassest/ vñ die erwehnten Euangelischen Kirchen/ da du so viel Mäuß machest/nicht verunruhest. Gott stehe seinem Euangelio bey/vnd vertheydige die lautere Lutherische Warheit/daß alle/ so vmb der willen leiden/ bey im beständiglich abhualten mögen. Amen. Datum Stettin Anno 1596.

Daniel Cramerus, Professor
vnd Prediger zu S. Marien daselbst.

EPI-

EPIGRAMMA IN
Effigiem Iesuiticam.

Quadrato in pileo quadrifrons Iesuita superbit,
  Quid monstri laruâ hac sub quadrifronte latet?
Fronte Ouis. à tergo Lupus. hàc Latro. Canis illàc.
  Quid? Iesuitam vnus versiculúsne capit.
Principiò mitis: sed mox vtrinq́, latratu
  Et latrocinijs regna ducesq́, vorat.
Haud breuius possum. iccirco vt Iesuita sit hospes,
  Speluncâ, stabulo, millo, opus, atq́, pedo, est.

    Repositum pro Oratione Iesuitæ
    Bellarmini, quale nam ani-
     mal sit Lutheranus.

         GAL-

GALLIA AD IESVITAS.

ITe canes, date terga lupi, fugite ocius angues,
 Semisuesq; viri, semiuiriæq; sues.
Follibus aquandi, magnos agitantibus ignes,
 Heu quibus à vobis sum lacerata modis!
Gallia Regnorum quondam Regina ferebar,
 Et, si quis verum confiteatur, eram.
At postquam vaga monstra meas reptâstis in oras,
 In peius retrò cuncta relapsa quèror.
Illa dies, qua vos primùm complexa fouebam,
 Illa dies cunctis atra diebus erit,
Tunc dolus ingressus, tunc fraudis hypocrisis autor,
 Totaq; vos scelerum Lerna secuta fuit.
Sic olim Annibalis vestigia pone legebat
 Uastatrix Latio Diua minata malum.
Heu per vos tenebræ quot lumina magna recordor,
 Proh dolor, in campis exanimata meis.
Me miseram quotiens in se stringentia ferrum
 Conspexi vestris viscera nostra dolis.
Vestris auspicijs Parisina Tragœdia cœpit,
 Quæ vel sola pios vos probat esse patres.

Vestris

Vestris auspicijs ciuilibus obruta bellis
  Sanguinis effusi flumine tota nato.
Vestris auspicijs heu tot castella, tot vrbes
  Stirpitus in cineres esse redacta liquet.
Vos vos ô Furiæ Guisios misistis ad Orcum,
  Per vos in dubio Regia vita fuit.
Per vos Maiestas Regum calcata meorum,
  Per vos occisis Regibus orba feror.
Vestris auspicijs iactator Iberus in alto
  Occidit, ô quantas spes tulit illa dies!
Illaq́ quæ mundum poterat domitura videri
  Classis, vbi à vobis tanta relicta fuit?
Occidit (ô iustum numen) Dux Fœmina facti
  Fixit in immenso clara Trophœa mari.
Ite iterum, suadete nouam subducere classem,
  Infœlix quem vos dictaq́ vestra regunt.
Regibus & Regnis capitalior hospes & hostis
  Vobis & vestris pestibus esse nequit.
Regibus hæc reges & Regnis regna loquuntur,
  Ipsa loquor damnis scire coacta meis.
Anglus, Belga, Scotus, me dicere vera fatentur,
  Teutonis affirmat Sarmatis ora probat.

Oca-

O cæcas hominum mentes, ô pectora cæca!
 Testibus his tantis & mihi nulla fides?
Sic cùm Fatales instant in limine pœnæ,
 Festinata nequit Fata videre stupor.
Nónne per Hunnorum campos victricia Turcas
 Cernitis irato ponere signa DEO.
Vos tamen his spretis incendia constat in illis
 Immani studio velle mouere locis.
Siccine speratis Christi pia membra necando
 Vos placare Deum, vincere posse Scytham?
Placastis, si sic Numen placare Tyrannum,
 Vicistis, si sic vincere posse licet.
Illa tot annorum cædes horrenda per orbem
 Nónne ferè vestra fraude peracta fuit?
Carnifices hominum, Fax belli, funera pacis,
 Hem procul à nostris vos remouete locis.
Tandem ego respicio, tandem reuocata recurrit,
 Cùm vos eiectos comperit esse, Quies.
Ergò dies qua vos excedere læta coëgi,
 Illa dies cunctis alba diebus eat.
Ite canes, date terga lupi, fugite ocius angues,
 Semisuesq́ viri semiviriq́ sues.

B 2   GER-

GERMANIAE PROSOPOPOEIA
& Parænesis ad cętera Regna.

Gallia Germanos duxit Germana monēdos,
  Ne quos passa fuit nos patiamur apros.
Qui vastant vineta DEI sub nomine Jesu,
  Fœdera qui solui non soluenda iubent.
Armáq; Christicolis extrema minantia conflant,
  Et Reges mactant & fera bella ferunt.
Et patria suadent in viscera vertere vires;
  Quas melius Turcis opposuisse fuit.
Artibus his igitur ne circumuenta periret
  Funditùs, hos tales iussit abire lupos.
Edidit exemplum, quod nos imitemur oportet,
  Si rerum in tuto debeat esse salus.
Siccine Ranarum soboles illuserit orbi,
  Siccine se nostro sanguine pota lauet?
Regnum rege suo Regemq; auertere regno
  Quemq; suo mota seditione parant.
O scelus & patimur Dij quanta pericla minantur
  Hi nisi prudenter praeueniamus, Apri.
Exturbemus eos, ne perturbemur ab ipsis,
  Præstat enim quàm nos vt pereamus, eant.

GER-

GERMANIA AD
vicina Regna.

A Gallis pulsi noſtris pellantur ab oris,
    Turba Theatini ſeditioſa patres.
Nam veluti Gallis cædes & bella tulerunt,
    Sic nobis cædes & fera bella ferent.

ALIVD.

Ite patres natos qui proditis, ocius ite
    Paſtores, teneras qui laniatis oues.
Ite mala merces nihil hîc paſtoribus iſtis.
    Patribus atq́, malis mercibus orbis eget.

ALIVD.

VT nutrix cuculi curruca voratur, vt anguem
    Qui tulit in gremio læſus ab angue fuit:
Sic cuculi, noſtro quos ſanguine paſcimus, angues
    Quos alimus, nobis vertere cuncta ſtudent.
O pudor, & patimur, patimur ſæuire ſceleſtos
    In populum, in Reges, in bona noſtra patres:
Non ita: pellantur Furiæ; pellantur ad Orcum,
    Angues & cuculos qui fouet, ille perit.

EPITAPHIVM IOHANNIS SCHVLTETI, ARTIVM ET Philosophiæ Doctoris Canonici VVarnnensis (zur Frauwenburgk in Preussen) qui moriens sibi ipsi fecit.

Væ mihi vado mori, longum qui viuere tempus
   Constitui, iam nunc væ mihi vado mori.
Væ mihi vado mori, mea sit caro vermibus esca,
   Spiritus inferni, væ mihi vado mori.
Væ mihi vado mori, vehemens me iudicis ira
   Territat, & Pluto, væ mihi vado mori.
Væ mihi vado mori, reuocat me surgere cornu
   Judicis horrificum, væ mihi vado mori.
Væ mihi vado mori, manesq́; venite velite,
   Judicis hoc verbum est, væ mihi vado mori.
Diuum stelliferi me ducat nomen olympi,
   Me ferat in summum virgo Maria polum.
Sis pie Christe mihi dux, spes & vita perennis,
   Te quia, te sequor, heu, væ mihi vado mori.

Register derer / dadurch / als Zeugen / die folgende Narrata wahr seyn beweist werden.

Petrus de Vineis.
Printz Paulus de la schala.
Nasus.
Auentinus.
S. Hieronymus.
S. Bernhardus.
Petrus Crinitus.
Ius Canonicum.
Platina.
Petrus Blesensis Archidiaconus.
Fridericus II. Imperator.
Balæus.
Eberhardus Episcopus Salisburgensis.
Hugo Cardinalis.
Onus Ecclesiæ.
Aluarus Pelagius.
Hieronymus Sauanarola.
Dominicanus Monachus, ἀνώνυμος.
Marsilius Patauinus.
Paulus Diaconus.
Zonoras.
Iacobus de Strada.
Martini Chronicon
Marianus Scotus.
Sigebertus.
Ranulphus.
Raphaël Volaterranus.
Bergomensis.
Leo Hostiensis.
Luitprandus.
Sabellicus.
Nauclerus.
Concilium Remense.
Ioan. Stella Venetus.
Henricus de Erfordia.
Benno.
Cōtinuator Historię belli sacri.
VVesselus Croningensis.
Iouius.
Appendix Platinæ.
Arnoldus Ferronus Galliæ Historicus.
Burdegalensis Parlamenti Senator.
Brutum fulmen.
Speculum pro Christianis seductis.
Robertus Licius.
Iohannes de Turrecremata.
Chronicon Schafnaburgense.
Erasmus.

Crome-

Cromerus
VVilhelmus Parisiensis.
Promptuarium Discipuli de Tempore.
Arnoldus.
Gregor. in Dial.
Sechs Tausent Kinderköpff.
Chronicon Matthæi Parysij.
Polydorus Virgilius.
Crantzius.
Vincentius.
Bonauentura in Legenda Maiore Francisci.
Tritheimius.
Comitissa Adelheidis.
Petrus Cluniacensis.
Lambertus.
Nicolaus Boërius.
Regulæ Brigittæ.
Liber conformitatum Francisci.
Seuerus Sulpitius.
Huldericus Episcopus Angustensis.

Cæsarius.
Iuo.
Carolus Caluus.
Chronicon Casinense.
VVilhelmus Rishanger.
VVilhelmus de S. amore.
Elias Hasenmüllerus à D. Polycarpo editus.
Regulæ Ignatij Loyolæ.
Vniuersitas Parisiensis.
Anton. Arnoldi Iurisconsulti Philippica.
Historia Portugaliæ.
Iesuitæ Gallijs expulsi, numero 10000. testes.
Ioannis Castelij Iesuitæ & Parricidæ sanguis & cinis, testis.
Decretum Sorbonę Anni 1555. contra Iesuitas.
Honorius Augustodunensis.
Henricus III. & Henricus IIII. Reges Galliæ.
Curia suptema Parisiensis.
Ar. Pontacus Burdegalensis.

Von

Vom Anschlag vnnd
Innhalt dieses Buchs.

Weyerley führen gemeiniglich die Papistischen Clamanten Prediger auff der Zungen/ die Lutherischen Kirchen damit in Haß/ vñ Neid bey dem gemeinen Pöbel zu ziehen/ vnd daher zu beweisen/ daß wir nicht die rechte Christliche Kirche seyen: Als zum ersten/ daß sie von Zwytrache vnd schismatischer Vneinigkeit/ so nach den Zeitē Lutheri erregt worden/ viel Geschreys vnd Schnarrens machen. Zum andern/ daß sie jren nichtigen Beweiß nemmen auß etlichē Sünden vnd Fehlen/ die sich wider Gottes Gebott/ vnter den Vnsern/ zugetragen haben.

Was das erste betrifft/ kan hierauff mannigfältig geantwortet werden: wie das zu anderer Zeit vnd Orth gnugsam außgeführet ist: wöllen jetzo nur eine jhnen vnter Augen setzen: nemlich/ daß dieses nicht allein vnsern Kirchen/ sondern auch für langen Jahren schon mehrmal den Christen fürgeworffen sey/ dessen dann der Clemens Alexandrinus lib. 7. Strom. gedencket: Wie die Heyden vnnd Jüden vmb seine Jahr nach Christi Geburt 200. schon/ diese Calumnien geführet/ daß die Christen selber vnter einander vneins weren/ vnnd so viel Secten vnter sich hetten/ die doch alle Christen weren: Darauß ich so schliesse: Die Kirche zur Zeit Clementis ist vnter diesen Secten vnnd Trennungen entweder rechtgläubig oder nicht rechtgläubig gewesen: Ist sie nicht die rechtgläubige Kirche/ so hat sich der Bapst seiner vhralten fünfftzehenhundert jährigen Kirchen nichts zu rühmen:

rühmen: Ist sie aber rechtgläubig gewesen / so muß ja Zertrennung vnnd Vneinigkeit nicht bald eine falsche Kirche machen. Werden derowegen die Papisten / wann mans beym Liecht besihet / einen geringen Behelff haben wider vnsere Kirchen / daß sie grosses Geplärr von vnser Vneinigkeit machen: Vnd das so viel mehr / weil in jrer Kirchen so wol grewliche Trennung seyn / vnd gewesen seyn / als sie vber vns mit Warheit außführen mögen / da offtermal zwen / drey / vier Bäpste / sich mit Krieg vñ Fewer auffs eusserste zerrissen haben / davon der Leser in folgenden diesem Büchlein etliche Exempel finden wirt / vnd sonsten jedermänniglichen bekannt ist.

Das ander betreffend / ist leyder wahr / daß wie kein Mensch ohne Sünden ist / also auch etliche Laster vnter vnsern Kirchgenossen von dem Teuffel erregt worden / die nicht zu entschuldigen / sondern auß Gottes Wort ernstlich zu straffen seyn / vnd von vns gestraffet werden / vnd keiner vnter vns den Bäpstlern nach folget / die auch die Bäpste / wann sie greulich gesündiget haben / doch für allerheyligste Vätter außruffen / sondern was Sünd ist / das leugnen wir nicht / vñ wöllen also vns nicht gar weiß brennen / sondern bekennen gern / daß / Gott sey es geklagt / vnter vielen Lutheranern grosse Sünd im Schwang gehen / Gott vergebs vns: Aber dennoch ist auch wahr / daß nit allem dem / was sie von Sünden vnnd Schanden wider vns schreiben vnd außgiessen / Glauben gegeben soll werden. Welches bald in continenti mit einem dergleichen Art Scribenten Naso / einem Franciscaner Münch / könnte erwiesen werden. Deil derselbe etliche Centurien der Euangelischē Warheit (wie ers nennet) geschrieben / darinne er grewliche grobe Landlügen vber die Euangelische Kirchen die uer gelogen / also daß es nit allein vnserm Theil bekannt / sondern auch von den Papistē selber erkandt vnd deßwegen verdampt ist. Dann denselben Nasum, als aller Verleumbder Nasenkönig / hat

Vom Innhalt dieses Buchs.

hat zum grewlichsten widerlegt vnd außgemacht ein Bäpstischer Fürst/ Printz Paulus de la scala, &c. in seiner Oration, die er Methodum reuocandi Hæreticos nennet/ da er vber jhn außspricht/ daß er Gottes vnd aller Ehren vergessen/ ein Teufflischer Verleumbder sey/ der da seine centurias viel mehr centones calumniarum, einen Hauffen zusammgeflickter Verleumbdungen vnd Lügen solte genennet haben: Darauß beydes Augenscheinlich zu sehen/ Erstlich/ daß sie von vnsers Lebens Mängeln selbst vneins seyn: Zum andern/ daß sie falsche/ ertichtete Geschichte vns zu vbertichten sich bemühen: alles zu dem Ende/ daß vnser Lehre in Zweiffel gezogen/ vnd der Lauff deß H. Euangelij möge auffgehalten werden: wil hie geschweigen/ wie sie die Schrifften deß theuren Mannes Gottes Lutheri verstümplen/ wie einen Atheum vnd Gotts Verächter/ wie einen rohen/ vnsaubern/ wilden Menschen/ auß seinen vbelangezognen Tischreden vnnd dergleichen der gantzen Welt verdächtig machen/ auch eben zu dem Ende/ daß die Person in Haß vnd Neid gezogen/ vnd das reine Euangelium darunter verdruckt werde.

Mit was Fug vnd Recht aber dieses geschehe/ ist vnnoht hie weiters außzuführen: Aber das solten die Herren von der geistlichen Clerisey bedencken/ daß sie der Regel Christi Luc. 6. Folg theten/ vnd zuuor den Balcken auß jhren eigenen Augen zögen/ darnach zusehen/ wie sie den Splitter auß jhrer Brüder Augen riessen. Weil sie nun das nicht gethan/ vns aber den Splitter/ auch mit Vnfug vnd Vnwarheit/ gerissen haben/ so achten wir aller massen guten Fug zu haben/ daß wir widerumb vns jhnen danckbarlich erzeigen/ vn jren grossen/ vnheblichẽ Balcken jederman zuerkennen geben/ damit sie ja nicht stäts Heuchler bleiben/ vnd wo je sie in jrer Blindheit verharren wöllen/ doch ander Leut sehen/ was sie für schöne Frömmichẽ seyen. Dazu wir dann nichts ertichten dörffen/ sondern allein auß derer Büchern so sie

C ij   für

Vom Innhalt dieses Buchs.

für jhre Religionsverwandten erkennen/ so in alten Bibliothecken vnnd sonsten gefunden/ als warhafften Historischribenten anziehen vnd herfür bringen: Damit dem gemeinen Mann jhre Schalckheit/ Zwyspalt vñ Tyranney eröffnet/ vñ er die Wolffsklawen vnter den Schaffbeltzen erkennen lerne/ vnd sich also für den alten vñ newen Papisten/ den Jesuiten (die da sonst Engelrein seyn wöllen) zu hüten wisse: Dann sie alle alte/ faule/ Bäpstische Schäden verbinden/ vnd von diesen allen nicht mehr wissen wöllen/ ob sie es gleich nicht allein nicht besser/ sonder auch wol ärger machen/ wie wir mit anhängen wöllen jhres Lebens löbliche Legenden/ darauß der Leser jre Jesuwiderliche Thaten wirt leichtlich zu vermercken haben.

Weil wir aber von den Bäpsten selber zu sagen/ vnd etliche gar Teuffelische Thaten aus Liecht zu ziehen vermeynet seyn/ so ist nöhtig/ daß wir/ ehe wir zur Sachen schreiten/ nur ein par argumenta probabilitatis bey dem Christlichen Leser zuuor ablegen/ jhme zu beweisen/ daß gar wol müglich vnd glaubwirdig sey/ was also von den Bäpsten vnnd derer Ordens Brüdern geschrieben gefunden werde.

Zwey Argument/ daß folgende Historien glaubwirdig seyn.

UNdaugbar ist es zwar/ daß grosse/ gewaltige/ gelehrte Männer vñ Potentaten/ den Bapst einen Gott genennet/ vnd jhme Göttliche Ehre erzeiget/ wie das Steuchus, Gomesius, vnd andere loben/ der da thun könne die Werck/ so allein Gott thun kan/ vnnd von Niemand kan noch mag geurtheilt werden/ vnd vber die heylige Schrifft ist/ wie wir das auß dem Baldo vnd andern Glossatorn leichtlich zu erweisen haben: Solte aber denn wol müglich seyn/ daß ein solcher in so grewliche Laster/ wie folgends außgeführt werden soll/ gerichte? Aber lieber Leser/

Beweiß/ daß diese Historien warhafftig seyn.

Leser/ laß dich dessen nit wundern: den daß es müglich sey/ ja daß Bäpste sich vñ andere verstürtzen können mit jrer heylosen Heyligkeit/ biß in die Helle hinein/ das können wir mit der Papisten Recht selber betheuren: Welches beschriebē ist C.Si Papa distinct. 40.und von Wort zu Wort also lautet: Wann der Bapst in seiner vnd seiner Brüderschafften Seligkeit säumig vñ vntüchtig erfunden wirt/ vnd nachlässig in seinem Ampt/ deß guten vergiesset/ daß er desto mehr jme vñ allen schade: vnd vber das vnzehliche Völcker Hauffenweiß mit sich eigenthümblich hinvnter reisse in Abgrundt der Hellē/ da sie mit jme in Ewigkeit mit Schlägen sollen geschlagen werden: So soll doch Niemand sagen/ Bapst/ was machstu? Wolan/ da hörest du lieber Leser/ daß es müglich vnd vermuthlich sey/ daß Bäpste ein gottloß hellisch Leben führen können/ vñ in Abgrundt der Hellen vñ andere neben sich verstossen/ da sie für jre Sünde Bech vñ Schweffel zu Theil haben.

Derwegen ist desto leichtlicher dem/ was folget/ Glauben zuzustellen/ dieweil auß diesem jhrem eygnen Zeugnuß klärlich an Tag gethan/ daß es alles müglich/ alles der Warheit gemäß/ vnd nicht vnformlich scheine/ vñ dieses ist das erste argumentum probabilitatis.

Das ander Argument der glaubwirdigen Warheit in vnsern Scribenten/ ist auß den allgemeinen/ einträchtigen Generalklagen vber den grewlichen Zustandt der Römischē Kirchen in vorigē Zeitē leichtlich zu schöpffen/ der wir nur wenig zu Bescheinigung mehrer Glaubwirdigkeit setzen wöllen/ als von Welttichen vñ Geistlichen Potentaten/ die vberall gnug seyn/ bezeuget.

Der Mächtigste Keyser Friderich deß Nahmens der Ander/ welcher 1200. Jahr nach Christi Geburt geregiret/ ein streitbarer/ freyer/ gelährter Edler Held/ klagt also in einer Epistel vber die Bäpstler: Wir ruffen Gott zum Zeuge/ daß wir allzeit dahin gemeynet gewesen/ daß wir die Geistlichen möchten zum

22 Beweiß/daß diese Historien warhafftig seyn.

„ Standt voriger Apostolischer Heyligkeit bringen/die da mit
„ Heyligkeit/nicht mit Wehr vnd Waffen die Weltliche Herrn
„ vnter sich brachten. Aber diese jetzige hängen der Welt nach/vnd
„ seyn in derselben versoffen/achten mehr deß Wollebens/als vn-
„ sers HErrn Gottes/dieweil durch Vberfluß der Reichthumb die
„ Religion vnd Gottesdienst ersticket vñ ertrencket wirt/daß man
„ derwegen solchen Gesellen diese schädliche Reichthumb entziehe:
„ Das ist ein sonderbar Werck der Liebe/dazu ich euch Fürsten alle
„ wil gehalten haben/euch fleissig dahin zu bemühen/daß man al-
„ len Vberfluß jnen entziehe/damit sie mit geringen sich behelffen/
„ Gott allein/dem alles dienet/dienen mögen. Diß findestu lib. 1.
„ Epistolarum Petri de Vincis cap. 2.

Eberhard/der Bischoff zu Saltzburg/hat für 200. Jaren
für in Römischen Reich auch hart vber die Römischen Pfaffen
„ geklagt/mit diesen Worten:Die Babylonischen Pfaffen(so nen-
„ net er sie) wöllen allein herrsche/können kein leyden/der jne gleich
„ were: werden auch nicht auffhören/biß sie alles vnter jren Füssen
„ haben/vnd biß im Tempel Gottes sitzend/sich erheben/vber alles
„ was Gott ist: Man wirdt bey jhn den Hunger vnd Durst nach
„ Ehr vnd Gütern nimmer stillen. Je mehr er bekompt/je mehr er
„ haben wil. Gibstu jhm den kleinsten Finger/so tappet er nach der
„ Handt gantz vnd gar: der sich ein Knecht aller Knechte heisset/ist
„ ein Herr aller Herren/nicht anders als were er Gott selber. Er
„ verachtet Geistliche Versamlungen vnd seiner Mitbrüder An-
„ schläge/ja wol seiner Herren. Dieweil er sich besorget/er werde
„ von seinen Sünden/die er täglich mehr vnd mehr wider Recht
Vide in- „ vnd die Gesätzen häuffet/Rechenschafft geben müssen. Er redet
tegrā o- „ gewaltige Ding/gleichsam were er Gott. Gute Gesetz verkehret
rationē. „ er/seine bestättiget er/sonsten beschmeist vnd zerreist er/stilt/be-
Lectu e- „ treugt/mordet vñ raubet/das lose Kindt deß Verderbens. Die-
nim dig- „ ses schreibet Auentinus lib. 7. editus Ingolstadij Anno 1554.
na est.

Der

Beweiß/daß diese Historien warhafftig seyn.

Der fromme Bernhardus klagt auch hierüber/wañ er spricht: "Die Kirchenämpter vnd geistliche Wirdigkeiten seyn in einen schändtlichen Gewinn vnd Wercke der Finsternuß verkehrt/vnd man suchet hierein nicht der Seelen Seligkeit/ sondern nur Pracht vnd Geilheit der Reichthumb. Zu diesem Ende gehen sie zur Kirchen/ halten Meß vnd singen Psalmen/ vmb Bischoffsthumb vnnd Ertzdiaconaten willen streittet man heut zu Tag vnverschämpt/daß man der Kirchen Eynkom̃en zum Vberfluß vnd nichtiger Eytelkeit gebrauche. Dieses schreibet er super Psalmum, Qui habitat, Serm. 6. Ließ dergleichen mehr Serm. 202. in concilio Remensi.

Petrus Crinitus lib. 7. de honesta disciplina, cap. 13. schreibt also: Die Bäpste vermeynen vnter dem Namē Christlicher Religion Fug vñ Recht zu haben/was sie nur wöllen/ zu thun. Daß wiewol sie darumb zu Bäpsten gemacht vnd verordnet sind/daß sie sollen die Leute vnterrichten vnd lehren/ Fried vnd Einigkeit vnter jhnen verschaffen/ doch so vnterstehen sie sich vnd bemühen sich nichts höhers/ denn daß sie nach jhrem Mutwillen vnter den Fürsten Auffruhr erwecken vnd anrichten.

Platina in vita Benedicti IIII. vmb die 900. Jahr nach Christi Geburt/ schreibt also: Anfänglich zwar wardt der Bäpste Zierd durch Heyligkeit vnd Lehre (die nicht dann durch groß Arbeit vnnd Tugend erobert wirdt) ohne Güter vnd Reichthumb vermehret/ vnter so viel Feinden vnnd Verfolgern Christliches Namens. Bald aber nach dem die Kirche in den Gütern sich anfieng zu kützeln/ vnd jhre Erbauwer sich von strengem Leben auff allerley Vppigkeit wandten/ vnd keiner die Schande vnd Laster straffete/ da hatte es vns nur Freyheit zu sündigen gemacht/ vnd diese monstra & portenta, grewliche Mißgewächse vnd Kielkröpffe/ von welchen durch Ehrgeitz vñ Stechpfenninge der heylige Stul Petri mehr eyngenommen ist/ also besessen.

Marsilius

Marsilius Patauinus schreibt von seiner Zeit/da er Anno 1324.
gelebt/summarischer Weise also: Vnmüglich ist es/alle vnd
jede Vngebühr der Bischoffe vnd Pfaffen/vnd anderer Kirchen-
diener zu erzehlen/ drumb wil ich es alles in eine Summ begreif-
fen/mit Anruffung deß gestrengen Gerichts Jesu Christi/ so ich
Lügen rede: Daß sie zu jetzigen Zeiten allem dem zu wider thun/
was sie andere Leut nach der Lehr deß Euangelij lehren vnd
predigen.

Hie gehören auch her die vielfältigen Klagschrifften deß
Petri Blesensis Archidiaconi, der da vom Balæo Cent. 13. hoch
gerühmbt wirdt/daß er nicht ein gnathonischer Schmeichler ge-
wesen/sondern ein wahrer Zeuge vnd Prediger/ der sich nicht ge-
scheuwet hat der Prälaten vnd Fürsten Laster weidlich herfür zu
rücken vnd anzuklagen/ wie er dann auch in seinen Episteln vnd
andern Schrifften thut.

Wie auch Hugo/ welchen wir hernach anziehen wöllen/thut
an vielen Orten/vnd sonsten andere Gottselige Männer mehr/
so die grossen Mißbräuche vnd Sünde deß Bapstthumbs gethadelt haben.

Hie gehöret auch her das Buch zu Cölln Anno 31. gedruckt/
welches heisset Onus Ecclesiæ, darinnen du nicht wenig dergleichen Klagen finden wirst.

Ließ auch Aluarum Pelagium de planctu Ecclesiæ lib. 2.
cap. 26. da er sehr vber die Canonicos als faule Mastbäuche kla-
get: Zu welchen sich gesellet Hieronymus Sauanarola: Vnd
jüngst verschienen 1594. Jahrs ein Dominicaner Mönch/ welcher den Bapst vnd Römischen Hof hart angetastet/vnd den 16.
Tag Julij zu Rom darumb gefangen genommen. Ja lieber/
warumb wolte dieser Bruder nicht auch das Maul halten/ sondern die Warheit zu Rom sagen? Dieses ist also das ander Argumentum, daß also glaubwirdige viel Zeugen einhellig auß
einem

einem Wendereden/ vnd mit einer Stimm dieses Pharisaische
Ottergezüchte anklagen.

Theilung dieses Buchs.

Damit wir nun in Gottes Namen dieser Arbeit
näher kommen/ vnd desto besser vnd richtiger abhelffen
mögen/ so wölle der Leser mercken/ daß wir hie nicht von
der Papisten Lehr/ sondern nur vom Leben/ als einer Frucht jrer
Lehre/ handeln wöllen. Vnd weil vns kurtz zuvor das epitheton,
welches der HERR Christus den Pharisæern gabe Matthæi am
23. Capitel/ in die Gedancken kommen/ da er sie Schlangen vnd
Otterngezüchte nennet/ als können wir füglich/ auß Betrach-
tung dieses Thieres/ den Standt deß Bapsthumbs in drey
Theil abtheilen. Daß gleich wie eine Schlange nur in drey vn-
terschiedene Stücke abgetheilet wirdt/ als 1. das Häupt. 2. den
Bauch. 3. den Schwantz: Daß/ sag ich/ also das gantze Bapst-
thumb/ von diesen dreyen Stücken zusammen gesetzt sey. Wie
sich dann nicht vnfüglich hieher reymet/ daß der Bapst eine dreyfache Krone trägt/ zu bezeugen/ daß sein Bäpstisches Reich
dreyfaltig in den Schlangenkopff/ Bauch vnd Schwantz/ wol
mag zertheilet werden/ wie mich deucht. Er selber ist das Häupt
der Schlangen/ wie hievon kein Zweiffel/ dieweil er von seinen
Canonisten offt Caput genennet wirdt: So werden die Prælæ-
ten/ Cardinäl vnd dergleichen/ als der Mitteltheil/ der Bauch
seyn: Vnd endlich die Mönche mit den Nonnen/ vnd jhren Or-
densgesellen deß Bapsthumbs Schwantz/ wiewol ich leichtlich
vnd gutwillig nachgebe/ daß auch die Mönche wol köndten Ven-
tres genennet werden. Aber dem sey wie jhm wölle/ wir wöllen
es dißmal passieren lassen/ daß wir zum ersten handeln vom Leben deß Haupts/ als der Bäpste selber/ darnach vom Leben der

D   Prælaten/

Der Erſte Theil/Vom Leben

Prælaten/ als der Bäuche: Zum dritten von den Ordensbrüdern/als dem Schwantze. Gott gebe Gnade/daß dieſes Otterngezüchte dadurch gebeſſert/jhr böſes Leben vnd Lehr in Gott ändern/oder zum wenigſten/daß fromme Seelen für jhrem Gifft behütet werden/Amen.

Der Erſte Theil.
Vom Leben vnd Wandel etlicher Bäpſte/denen man für Heyligkeit muß die Füſſe küſſen.

SO wöllen wir nun/daß Gott walte/erzehlen/was wir bey andern glaubwirdigen Scribenten/für herrliche Thaten etlicher Bäpſte beſchrieben finden. Die Auffrühzehen für.

Gregorius II.

Bapſt Gregorius II. iſt ein Auffrührer wider die hohe Obrigkeit/vnd Verrähter ſeines eygenen Vatterlandts geweſen: Denn er hat gantz Hesperiam, Aemyliam, Liguriam, Welſchlandt/vnd andere Länder im Occident auffgewiegelt/daß ſie ſich auß dem Gehorſam deß Keyſers Leonis III. abrieſſen/vnd hat den gewöhnlichen Reichs Tribut nicht jhme/ſondern den Francken/mit welchen er Verbündtnuß gehalten/zugeeygnet/keiner andern Vrſach halben/als daß er die Anruffung der Bilder vnd Götzen nicht bewilligte. Vnd darnach den Francken/mit welchen er Verbündtnuß gehalten/Gelegenheit gegeben/Rom vnd das Reich im Occident zu vberziehen. Paulus Diaconus lib. 21. rerum Roman. Zonaras Tomo 3. Conſentit Iacobus de Strada in Vita Leonis III.

Iohannes VIII.

Iohannes V.III. iſt nicht ein Bapſt/ſondern eine Bäpſtinnen
Denn

vnd Wandel etlicher Bäpste.

Denn er nicht ein Man/sondern ein Weib/Gilberta genant/gewesen/welche als sie höher Gaben als ein Weib gehabt/hat sie heimlicher Weise für eine Mans Persone sich gehalten/mit jrem Bulen/einem Münch/in ein Kloster/vnd folgendts nach Athen studierens halben sich begeben: von dannen nach Absterben jhres Bulen nach Rom kommen/vnd bey vielen jrer Kunst/Geschicklichkeit/Geschwindigkeit vnd Sprach halber in grossem Ansehen gewesen. Hat gedisputiret/gelesen/vnd ein Buch von der Zauberkunst geschrieben. Daß sie auch hiedurch auffn Bäpstlichen Stul gesetzt worden/da sie dann diesen Namen angenommen. Sie hat in diesem jhrem Regiment mit einem Cardinal zugehalten/biß Gott diese Heimlichkeit entdecket/daß sie auff offentlicher Gassen in einem Proceß jhr Kindel Bett gehalten hat. Das heist/was Gott dräuwet 2. Sam. 12. Du hast es heimlich gethan/Ich aber wils thun für dem gantzen Israel vnd an der Sonnen. Diese Geschicht sticht die Papisten gewaltig in die Augen/drumb sie es hart leugnen/welches kein Wunder ist.

Aber es beschreiben sie ja jhrer gar zu viel/als Martinus Polonus in Chronico. Marianus Scotus, Sigebertus, Ranulphus lib.5 cap.32. Balæus Cent.2. Cap.20. vñ Cent.13. cap.10. Volaterranus, Platina, Antonius, Bergomensis, &c. Weiß derowegen nicht/ob einer nicht roht werden solte/wann ers leugnen wolte. Sonsten ist wahr/daß bey etlichen andern Scribenten dieses Bapstes Leben gar verschwiegen wirdt/oder aber für eine Fabel gehalten/aber diß ist leichtlich zu verstehen/warumb/nemlich/daß sie hierinn dem Römischen Stul haben Ehr thun wöllen/vnnd seine Schandt/die gnugsam offenbar/nit mehr eröffnen. Auentinus hält diese Histori für ein Fabel/aber in dem er den Römischen Stul hiervon entschuldigen wil/thut er jhm nicht grosse Ehr an: dann er schreibt/er halt es dafür/daß die Personen Johannis VIII vnd Johannis IX. verwechselt seyn. Dann Theodora,

Vide Martini Crusij Annales Suevicos par.2. lib.2. Pag 35. & 54

dora/ vber die Römer nach Absterben Arnulphi geherrschet/ habe mit diesem Johánne IX. gebulet/ welcher sie erstlich zu Bononien/ darnach zu Rauenn aendtlich den Römern zum Hohen Priester fürgestellet habe. Muß doch also dabey bleiben/ daß Bäpste keusche Leute seyn/ hindersich. Aber dieses were jhnen ja noch auffzuschlucken/ jenes aber ist ja zu grob.

Christophorus I.

Christophorus der Bapst/ hat auch zu zeitig nicht Christum/ sonder den Antichrist tragen wöllen/ drumb als er ein Cardinal gewesen/ nach Bäpstlicher Wirdigkeit grossen Verlangen gehabt/ derowegen zugefahren/ vnd Bapst Leonem V. gefangen genommen/ vnd in Hafft gelegt/ vnd also mit gewapneter Hand/ ja durch vieler Huren Hülff zum höchsten Pontificat kommen: wie Balæus vnd Sigebertus bezeugen.

Mit dem doch eben auff die Weise widerumb Sergius III. gespielet vnnd mit jhme gleichesfalls das Glückrath gelauffen/ daß er sein Leben im Gefängnuß jämmerlich hat müssen enden.

Dann nach jhrer Meinung gehet den Bäpsten nicht an/ was Gott bey dem Jeremia am 23. von den Falschen Propheten sagt: Ich sandte die Propheten nicht/ noch lieffen sie. Drumb sind sie auch im Lauffen offt gefallen.

Sergius III.

Stephanus VI. vnd Sergius III. haben an dem gewesenen vnd verstorbenen Bapst Formoso jr Tyrannisch vnd Neronisch Hertz/ grewlicher dann wilde Thiere bewiesen: Deß Stephanus hat jhn wider außgraben lassen/ jhm den Bäpstlichen Schmuck außgezogen/ vnd die beyden Finger/ da er mit im Leben gesegnet/ auß der rechten Handt gehauwen/ vnd in die Tyber geworffen. Darnach erst mit gemeinen Kleydern vnter die Leyen begraben lassen. Sergius aber hats besser gemacht/ vnd jhn zum andern

mahl

mahl auffgegraben/ mit Bäpstlichem Habit angethan/ auff den Stul gesetzt/ vnd dem stinckenden Aase den Kopff lassen abschlagen: hernacher den Cörper lassen in die Tyber werffen. Ranulphus lib. 6. cap. 4. in polycronio. Leo Hostiensis lib. 1. cap. 48. in Chronico Casinensi. Hierauß sihest du die Liebe der Bäpste/ in jhrer Apostolischen Succession vnter einander/ Bäpstische Gedult/ Bäpstische Sanfftmut/ Bäpstische Gnad/ Bäpstische Barmhertzigkeit. Solten diese auch Menschen gewesen seyn?

Lando I.

Lando I. der hat kein Weib gehabt/ vñ hat doch Kinder gezeuget/ welches er zwar nicht alleine ist: denn dergleichen Bäpste viel mehr seyn/ von welchen allein wir nahmhafftig nicht sagen können/ würde vns viel zu viel werden. Darumb wöllen wir bey diesem nur Vrsachen anzeigen/ warumb man den Bäpsten hierumb kan Indulgentz geben/ denn sie solcher ihrer Hurerey wichtige Vrsachen gehabt.

Erstlich haben sie gedacht/ daß man sie Patres in aller Welt (wie dann auch das wort Papa so viel heissen soll als ein Vatter) genennet hat/ drumb sie diesem jhrem Namen auch nachkommen wollen: vnd weil sie nicht auff Geistliche Weise Väter seyn können (weil sie Wölffe der Schafe waren) so wolten sie dieses auff Fleischliche Weise erstatten.

Zum andern wusten sie/ was der Bäpstliche Stul für einen Schimpff bekommen hätte/ von jüngst erzehlten Iohanne VIII. dem Weibe/ wolten derwegen in der That beweisen/ daß sie nicht Weiber weren.

Zum letzten haben sie dieses gethan/ ohn zweiffel/ daß die Schrifft erfüllet würde Johannis am 4. da der HErr Christus zum Samaritanischen Weib spricht: Du hast recht gesagt/ daß du keinen Mann habest/ das welchen du nu hast/ der ist nicht dein Mann.

Mann. So solte man nach der Schrifft auch von den Bäpsten sagen: daß sie recht sagten/sie hetten keine Weiber/den die sie hetten/das wehren nicht jhre. Diese vrsachen stelle ich zu eines jeden Erkänntnuß.

Iohannes XIII.

Anno Christi 036 hat gelebt der Bapst Johannes 13. der erstlich den Eyd/den er dem Keyser geleistet/ gebrochen vnd zum andern Gott vnd seinen Gebotten zu wider gewesen ist/in dem er sich in Vnzucht vnd allerley Laster vnd Boßheit gewelzet hat/ daß er auch daher flüchtig müssen werden/ vñ in den Wälden sich verstecken müssen. Darob die Kirche sehr beschweret zu Keyser Othone I. müssen Zuflucht nemmen/ der vber diesem Bößwicht im offentlichen Concilio hat gleichsam Malefitz Recht gehalten: da die Cardinäl vnd Bischoffe ordentlich herumb jre Anklag gethan: der eine sagt/dieser Bapst habe Meß gehalten vnnd nicht communicieret/ der ander/ er habe jhn gesehen im Pferd Stall einen Diaconum ordiniren: der dritte angesagt/er verkauff die Ordinationß der Bischoffe vmb Gelt. Etliche bezeugten/ er were ein Kirchen Dieb: Item ein Blutschänder/ der da vnter andern seines Vattern Concubin/ vnd ein andere Wittwe mit jhrer Kindstochter gemißbraucht habe/ vnd das heylige Palatium in ein Hurhauß verkehret: Item er habe einen seiner Cardinäl sein männlichs Gliedt verschnitten: Er habe sich mit Harnisch vnd Pantzer angethan: habe gesagt/keine Bettstunde gehalten/Auff deß Teuffels Lieb hab er Wein getruncken/vnter dem Bretspiel hab er/wie ein Heyde/ Iouem, Venerem vnd andere Teufflische Götter angeruffen. Darauff dieses Vrtheil gefällt/daß ein ander in seine Stelle gewehlet würde. Das alles hindan gesetzt/ hat er doch mit Hinderlist/ Verrähtereyen vnd seiner edlen Huren Hülff widerumb seinen vorigen Stul beschritten/ den Keyser vnd

vnd Wandel etlicher Bäpste.

ser vnd dem jüngst erwehlten Bapst nach Leib vnnd Leben ver=
richterlich gestanden. Nachdem dieser widerumb wider Gott vnd
alle Billichkeit in seinen Standt kommen/ hat er etlichen die
Hände/etlichen die Finger/etlichen die Nasen lassen verhauwen:
Biß endlich der Teuffel/ebē da er mit einē Weibe die Ehe bricht/
jhm einen Schlag in dem Schlaff thuet/ davon er Acht Tag
hernach stirbt / vnd einen Braten dem Teuffel opffert. Luitprandus lib.6.cap.7. & alij.

Bonifacius VII.

Dieser Bonifacius VII. hat wol den Namen davon/daß er
Guts thue/aber er möchte wol Malefacius heissen/ denn er nicht
viel Guts in der Kirchen hat augerichtet: In welche er anfäng=
lich durch böse Tück ist eyngeschliechen / vnd sein Ampt also ver=
richtet/daß er bey allen zu Rom verhässig worden. Darumb er
sich auch auff die Beine gemacht/vnd nach Constantinopel ent=
lauffen. Doch sich erstlich mit einem guten Zehrpfenning verse=
hen / in dem er alle Schätze auß der Kirchen gestohlen / vnd zu
Gelde gemacht / darauß er dann eine grosse Summa Goldes
zusammen gebracht: vnd mit dieser güldenen Carthaunen auff
die Römer geschossen / jhn widerumb anzunemmen / vnd das
Concilium, so wider jhn ergangen / für nichtig zu halten. Vnter
welchem/ da ein Cardinal jhm hart zu wider gewesen/ hat er jhn
heimlich ergriffen / vnd die Augen außstechen lassen. So hats
dieser Malefacius getrieben / biß er endtlich / nach dem das Ge=
wissen auffgewacht/ schleunigs Todes gestorben/ da er sieben
Monat geregiert hat. Denn der Teuffel hat mit jhm einen kur=
tzen Reyen bald vmbgesprungen/ Sabellicus, Nauclerus, Platina,
Concilium Remense, cap.28.

Syluester II.

Dieser Syluester II. als er noch ein Mönch gewesen/ zeuche
ein

Der Erste Theil/Vom Leben

er in Spandien/ stoffet da an einen Philosophum, bey dem er ein Schwartzkünstler Buch sihet/ welches er beliebet/ vnd lang gelauret/wie ers möchte entführen. Aber weils jener allzu fleissig wartet/ auch deß Nachts vnters Küssen legte/ handelt er mit der Tochter/ sie möchte jhm dieses jhres Vatters Buch zu wegen bringen/welches geschicht/damit zeucht er davon. Vnter Wegs aber macht er bald hierauff mit dem Teuffel einen Bundt: der jhme hernacher auch gedienet/ vnd durch dessen Hülffe er zum Bapstthumb kommen/ da er denn einen ehernen Kopff heimlich gehabt/darauß der Teuffel jhme wahrsagte. Darumb weil jhm auch sein Glück vnd Standt so wol gefiel/ fragt er dermal eins den Teuffel/wie lang er in diesem Standt leben solte: Der jhme zur Antwort gegeben: Biß er zu Jerusalem Meß hielte. Dieses hat jhm wolgefallen/ denn er nie bedacht gen Jerusalem zu kommen/doch da er zu Rom die Crucis Messe gehalten/ in einer Capellen/ die man Jerusalem genennet/ ist jhn das Fieber ankommen/vnd mit Todtsuchten vmbfangen: Da jhm nun die Teuffel vnd das Gewissen hart zugesetzt/ hat er befohlen/ man soll seinen Cörper/ nach dem Tode kleine zerhacken/ vnd auff einen Karren legen/wo jhn dann die Pferde von jhnen selber würden hinziehen/ da solte man jhn begraben: Iohannes Stella Venetus in libro ad Patriarcham Aquileiensem. Neuclerus. Henricus de Erfordia. Platina schreibt/ er hab sich dem Teuffel gantz ergeben.

Benedictus VIII.

Von diesem Benedicto VIII. wie er gelebt/ hat man erfahren/ als er ist todt gewesen: Denn es hat ein Bischoff in einer Wüsten diesen Bapst sehen reiten auff einem schwartzen Pferdt: Der jhn gefragt/warumb er nach seinem Tode also herumb ritte/ hat er geantwortet: Er habe in seinem Leben Gelt vergraben/das

vnd Wandel etlicher Bäpste.

ben/das solte er auffgraben an dem vnd dem Ort/vnd solte es den Armen geben. Denn was er sonsten vmb Gottes willen gegeben hette/das were jhm nicht zu Hülff kommen/dann es Raubgut gewesen. Ist leichtlich zu schliessen/weil er hiemit den Himmel verdienen wöllen/daß er nicht ein Benedictus oder Gesegneter gewesen/sondern ein Maledictus oder Verfluchter hat bleiben müssen. Platina de Vitis Pontif.

Gregorius VII.

Bapst Gregorius VII. der zuvor Hildebrandt/besser Hellebrandt genennet/wirt von Bennone einem Cardinal also außgestrichen: Daß er ein Schwartzkünstler gewesen sey/vnd vnter andern diese Kunst gewust/daß er auß den Ermeln habe FeuwerFünklein könne schütten/damit er jm einen Namen sonderbarer Heyligkeit machte. Hat auch hernach erst allzeit das ZauberBuch bey sich getragen/welches als ers einmal vergessen/vnd seiner Schüler zween dasselb zu holen zu rück schicket/mit Verbietung/sie soltens nicht öffnen noch lesen. Ist es geschehen/daß als sie es vnter Wegs öffnen vnd lesen/einen hauffen Teuffel vmb sie her kommen/vnd Dienst begeren/welchen sie auß Forcht befohlen/die Mawren zu Rom nider zu reissen/welches auch geschehen. Also ist er seines Buchs wider mächtig worden. Weiter erzehlet er/daß dieser Bapst einen mit Namen Quintium, habe gefänglich eyngezogen/in ein Faß/mit spitz Nägeln voll geschlagen. Welcher nach dem er entlediget/jhm dem Bapst widerumb alles Hertzleydt zugetrieben/vnd endtlich gefangen gehalten/biß er öffentliche Vhrfehde thäte/solches nicht zu rechen/sondern allen/die daran schüldig weren/zu vergeben. Aber bald hernach wider seine Pflicht/Glaub vnd Zusag/den Quintium auffs grewlichste verfolget/vnd neun auß seinem Geschlecht an den Galgen gehangen.

E　Noch

Noch mehr schreibt er: Daß dieser Bapst dem Keyser Henrico IIII. verrähterlich vnd Schelmisch nach Leib vnd Leben gestanden: Dann er hat heimlich außspehen lassen/ die Kirche vnd Stätte/ da der Keyser offt stunda vnnd sein Gebett thäte/ darob einen vmb gewisses Gelt bedingt/ daß er grosse Steine oben auff den Kirchboden brächte/ gleich vber deß Keysers Häupt/ die er hinunter fallen ließ/ damit den Keyser zu drümern zu schlagen. Welcher Raht doch durch Gottes Schickung zerrunnen/ vnd ist dieser arme Mann/ da er sich dahin bemühet/ mit den Steinen herunter gestürtzt/ sich vmb Leib vn Leben gebracht. Vnd das war deß Bapsts heyliger Anschlag/ were wol zu wündschen gewesen/ er hette die Steine selber gewelhet.

Er hat auch diesem Keyser weiter auffs eusserste nachgesetzet/ alle seine Vnterthanen deß Eydes entbunden/ vnd auff allerley Muhtwillen/ wider jhren Herrn zu üben/ Indulgentz gegeben/ dem Rodulpho einem Graffen von Reinfeldt zum Regiment verholffen/ dem auch in der Schlacht die Handt abgehauwen/ zur Straff deß Meineydes/ wie ers selber in seinem Todtbette also beweynet: Daß er die Handt verlohren/ damit er seinem Herrn Henrico Glauben geschwohren/ drumb die Vmbstehenden bedencken solten/ wie vbel sie jhme gerahten. Der höchste Rädelinführer dieses Krieges war der Bapst. Auentinus. Iacobus de Strada.

Ob nun wol der Jesuiter Bellarminus, die Historien Bennonis zu lügen straffen sich vnterstehet/ so wirdt er doch nicht bald daher glaubloß: Denn was ists/ das dieser Jesuiter sagt/ Benno sey dieses Bapstes abgesagter Feindt gewesen/ da er doch bald darauff sagt/ Er glaube/ ein Lutheraner hab diese Histori in seinem Namen geschrieben: Dann eins stößt das ander vmb/ vnd er zeigt hiemit seinen Wanckelmuht an/ daß er mehr sagt/ Er glaube/ daß Benno habe dieses geschrieben vom Gregorio, nicht/ daß
er ein

er ein solcher gewesen were/ sondern daß er zeigte/ wie gar auffs eusserste ein Bapst kündte böß seyn. Aber lieber Bellarmine, es ist vnnoht/ den Bäpsten oder andern ein Ideam malæ vitæ, Regel vnd Weise böß zu leben fürzuschreiben/ denn sie wissens leyder doch wol. Daß aber etliche Scribenten diesem Bennoni zu wider schreiben/ geschicht 1. daß etliche Fuchsschwäntzer/ 2. daß etliche nicht vollkömlich angezogen werden/ 3. daß etliche als Papisten/ Gregorij Lehre/ die er auff jhre Weise wol fortgesetzet/ angesehen haben. Zum letzten/ daß etliche dem Bennoni viel zu jung seyn/ vnd drumb wider jhn nichts vermögen. Biß anhero vom Leben Gregorij VII.

Paschalis II.

Was dieser Paschaler für einer gewesen sey/ begreifft Platina kürtzlich mit dreyen Worten; A religione ad arma conuersus est: Er hat sich vom Gottesdienst zu Krieg vnd Blutvergiessen abgewandt. Dann daß ich geschweige/ wie er Meineydig an dem Keyser worden/ so hat er den Keyser Henricum V. wider seinen leiblichen Vatter Krieg zu führen/ verhetzet/ Gelt dazu auffgeborget/ daß er für sein Person Kriegsleute halten/ vnd die drey Neben Bäpste/ so sich wider jhn gesetzet/ bezwingen möchte. Auch nach dem diese Vnruhe gestillet/ sich nach dem Krieg in Asia zu führen gewandt. In Summa/ was soll ich viel sagen/ er ist ein Kriegs Mann vnd Landsknecht gewesen/ vnd hat grösser Lust gehabt/ daß man mit Wehren klinge/ als in den Büchern singe/ lieber hat er die Trommel ins Feldt geführet/ als die Pfaffen in die Kirche. Vnd dieses daher/ daß sie zwey Schwerdter haben/ nach dem Spruch: Ecce, duo gladij hic. Wann nun das Geistliche nicht wil/ so gebrauchen sie deß Weltlichen. Vnd heißt alsdann: Da liegt der Bapst/ hie stehet der Kriegßmann.

Der Erste Theil/ Vom Leben
Adrianus IIII.

Daß Bapst Adrianus IIII. ein auffgeblaßener Geist von Teufflischer stinckender Hoffart gewesen sey/ ist gnugsam auß seinem SendBrieff an den löblichen Keyser Fridericum zu ersehen: da er also schreibt: Durch die Stim der Warheit werden wir gelehrt/ daß welcher sich selbst erhöhet/ der sol erniedriget werden. Derhalben geliebter Sohn in dem HErren/ nimpt vns sehr wunder an deiner Fürsichtigkeit/ daß du dem heyligen Apostel Petro/ vnd der heyligen Römischen Kirchen/ nicht so grosse Reuerentz vnnd Ehrerbietung erzeigen thuest/ wie du billich thun sollest: dann in deinem Schreiben/ das du vns vberschickt hast/ setzest du deinen Namen dem vnsern vor/ in dem du dich mit der Macul deß Stoltz/ ich wil geschweigen deß Vbermuhts oder Vermessenheit/ befleckest.

Dieser Bapst solte sich selber bey der Nasen gezogen haben/ denn darin er den Keyser beschuldigte/ war er selber hoch zu schelten/ der auch nicht leyden konte/ daß man den Namē deß Keysers ihme auff dem Papier fürsetzte. Diesem Bapst/ als er einmal spatziren gezogen/ ist ihm eine Fliege in den Hals geflogen/ davon ihm nicht hat mögen geholffen werden/ sondern ist also ersticket. Stella. Platina. Durch dieses Gerichte hat Gott weisen wöllen/ wie er solche stoltze auffgeblaßene Geister/ auch durch eine geringe Mücken stürtzen könne.

Innocentius III.

Dieser Bapst hat den Namen von der Vnschuld/ aber billicher nenne er den Namen/ von Blutschulden/ denn er weidlich ein Kriegischer Schnapphan gewesen: der wider den Keyser Philippum deß Barbarossæ Sohn/ diese Teufflische Wort außgespeyet: Er soll mir entweder die dreyfache Apostolische Krone abziehen/ oder ich wil jn vmb seine Krone/ Landt vnd Leut bringen.

Drumb

Drumb er hart an jhn gesetzt/ vnd jhn bey allen Reichs Stånden hoch belogen vnd verleumbdet. Diesen hat Keyser Henricus VI. vber seinen Sohn Friderich/der hernach erst auch zum Keyserthumb kommen/zum Vormünder fürgestellt/aber er ist jhm vbel fürgestanden: daß er jhn vmb sein ErbKönigreich gebracht hat/Continuator historiæ belli sacri l. 3. cap 10. Vnd damit diese vnnd dergleichen Sünde verdecket blieben/hat er erstlich dieses Gesetz gemacht/daß/wer dem Bapst fluche vnd böses Nachrede= te/den solte man vom Leben zum Todt bringen/Balæus lib. 5. de Rom. Pontif. Sonsten war die Apostolische Regel Luc. 6. Seg= net die euch fluchen.   Bey dem Vnapostolischen Bapst aber heist es/hängt an den Galgē/legt auffs Rad/last vber die Klinge sprungen/alle die euch fluchen.

Gregorius IX.

Es haben die andere Bäpste zwar grossen Zorn vnd Widerwillen gefasset/wider die Römische Keyser/aber doch so/daß man nur meynet/sie weren allein wider die einzele Person/nicht wider das Reich: Dieser Gregorius aber gibt so viel zu verstehen/ daß er das gantze Römische Reich feindselig vermeyne außzu= tilgen vnd zu verdrucken: Dañ so schreibt Auentinus. Der Bapst verleugnet nicht/sonder bekeñt es frey herauß/daß die Römische Bischoffe erachten/daß das Römische Reich mehr zu mächtig sey/vnd blühe/als es jme nützlichen ist. Darumb habe es jhnen gefallen zuzerschmettern vnd mit Vneinigkeit vnter sich/nicht allein zu schwächen/Sondern auch in cineres & sauillas, in die Aschen vñ Staub zu setzen/vñ den Keyser Fridericum II. von sei= ner Hoheit herunter zu stürtzen. Das schreibet Auentinus. Hö= ret nun jr Durchleuchtige Säulen vnd Stånde deß H. Römi= schen Reichs/was jhr an dem Bapst habt/Nemlich einen abge= sagten Feindt vnd Verråhter deß Vatterlandts/der euch offent=
liche

liche Brandtbrieffe schreibet. Gerahtet es/ daß einer einmal sich freundlich gegen dem Römischen Reich erzeigt/ so muß es ein Meerwunder seyn/ oder sonsten seinen Vortheil mit drunter suchen. Wer Ohren hat zu hören/ der höre.

Benedictus IX.

Von diesem Benedicto schreibt Nauclerus l. 2. Generat. 35. vnd Platina, daß jhn der Teuffel in einem Walde vmbgebracht habe. Nach seinem Todt aber ist er von einem Einsiedler gesehen worden/ grewlicher Gestalt/ rauch / wie ein Beer/ mit einem Eselskopff vñ Eselsschwantz: Da dieser jn gefragt/ wer er were/ vnd woher er sich so grewlich verstellet/ hat er geantwortet: Ich walle mit dieser Gestalt herumb/ denn ich hab in meinem Bäpstlichen Regiment ohne Gesetz vnd Vernunfft/ wie ein Bestia vnd wildes Thier gelebet. Was dörffen wir weiters Zeugnuß/ wir habens auß seinem Munde gehöret?

Iohannes XXII.

Das Lobliedlin dieses Baystes beschreibt vnd singet der löbliche Keyser Ludouicus deß Namens der vierdte/ also/ daß er jhn mit einem offentlichen Edict für den Antichrist erkläret/ mit diesen Worten: Wer der Jacobus de Baburca, der sich Johannem 22 nennet/ sey/ müssen wir den Schäflein Christi zu erkennen geben/ damit sie nicht durch den Schafsbeltz betrogen/ vom greuwlichen Wolff mögen gefressen werden: Nemlich/ daß er ein Blutdürstiger Hundt sey/ nach der Christen Blut trachte/ vnd allenthalben vnter den Christen Krieg vnnd Blutvergiessen anrichte/ vñ Brüder auch wider einander verhetze. Vnd Christen können nicht vmb dieses Antichristes willen Fried vnnd Einigkeit/ von Gott gegeben/ erhalten/ So groß ist deß Menschen oder vielmehr deß Teuffels Kopffs Wüten vnd Toben.

Sihe/

vnd Wandel etlicher Bäpste.

Sihe / lieber Christ / wenn der Bapst ein Türck were / so köndte er ja nicht ärger seyn / als er hie abgemahlet wirdt / vnd befindet man hie recht / was eigentlich der Bapst sey / wañ man jhm den Schafsbeltz außklopffet.

Sixtus IIII.

Dieser heylige Vatter hat zu Rom ein berühmbtes Hurenhauß angerichtet / vnd neben der gemeinen Schande / auch die abscheurliche Sodomy vergönt vnd zugelassen. Angeordnet / daß jedes vnzüchtiges Weib alle Wochen einen Julier Pfenning in den Kirchen Schatz Tribut gebe / biß auff den heutigen Tag. Es haben auch dermal eins sein Bruder Hieronymus / neben einem andern guten Freunde / Petro Ruerio genañt / für deß Cardinals D. Luciæ gantzes Haußgesind intercedirt / er möchte jhnen doch gnediglich erlauben / daß sie den Sommer durch / sönderlich in den dreyen Monaten / Junio / Julio vnd Augusto (das greulich zu sagen ist) die stumme Sünde treiben möchten. Welches er willig vergönet vñ vnter die Supplication geschrieben / Fiat quod petitur, man läst geschehen was gebetten wirdt. VVesselus Cronigiensis in tractatu de indulgentijs Papalibus.

Was dieser Sixtus IIII. für ein mördliches Blutbad zu Florentz / wider die Fürstliche Gebrüder / Julianum vñ Laurentium / die vom Geschlecht der Medices / angerichtet / das haben wir zu lesen beym Raphaële Volaterrano libro Geogr. 5. vnd beym Iouio lib. 1. de vita Leonis X. Denn mit Vorwissen vnd Hülffe deß Papstes kommen die geschworne Rotte nach Florentz zusammen in die Kirche / als wolten sie Meß hören. Vnter deß gehet der Bischoff Saluiatus mit seinem heimlich gewapneten Hauffen auffs Rathhauß / als wolt er da mit dem Fehnleinführer reden / das er doch zu dem Ende that / daß wann der Auffruhr in der Kirchen angienge / so wolte er das Rathhauß eynnemmen / vnd sich an die Obrigkeit machen. Derowegen als man klinget (wie gebräuchlich) brduchlich) daß mans Sacrament auffhebet nach jhrer Art/ da ersticht der Bandinus den einen Bruder Iulianum, Antonius der ander Auffrührer sticht dem andern Bruder Laurentio nach der Kehlen/fehlet aber deß Lebēs/ vñ entkömpt also der Laurentius in eine Capellen. Dieses hatte alles deß Bapsts Legat also angericht/vnd das Zeichen zum Auffruhr geben/wañ man vnter der Meß würde klingen. Weil aber der ander Bruder entrinnt/ wirdt dieser Legat beym Kopff genommen vnd eyngezogen/ der Bischoff Saluiatus aber wirdt auch gefangen genommen/ vnd vom Rathhauß zum Fenster hinauß gehangen. Welches Auffruhr alles der Bapst Sixtus angerichtet hat.

Vrbanus VI.

Von diesem schreibt Platina vnter andern/ daß er ein Mann sey gewesen/ der vnterm Tittel deß Rechten vnd der Erbarkeit ein vngerechter/ vnnd nichts weniger denn Vrbanus, das ist/ höflich oder statlich/ darzu auch jederman vnanmütig gewesen ist. Dieser ist gen Neapolis gezogen/ vnd vom König begert/ man wolte jhm gestatten/ daß er seines Brudern Sohn zum Fürsten in Capania machen möchte. Da er dieses nit hat mögen erlangen/ hat er auß Argwohn 7. Cardinäl ins Gefängnuß geworffen/ vnd jhrer fünff in Secken ersäufft/ dieweil er meynet/ sie hätten sich mit dem König wider jn verbunden. Auch wider den König ein Proceß angefangen/ der sich mit gewapneter Haudt hat weren müssen. Da er gestorben/ haben jhn wenig betrauwert/ vnd begraben nicht wie einen Vrbanum, sonder wie einen Rusticum, bäwrischen vnd vnehrbarn Mann.

Innocentius VII.

Dieser hat den Namen von der Vnschuldt/ aber den führet er gantz vnschuldig/ vnd nicht mit Ehren: Dann er in vielen bösen Tücken schuldig befunden/ dieweil er allerding auffrührisch gehan-

vnd Wandel der Bäpste.

gehandelt. Dann da die Römer bey jhm vmb jhre Freyheit wider zu erlangen angehalten/hat er jhrer eylff Bürger/die dem gemeinen Nutz zu Rom/so durch deß Bapsts Fahrlässigkeit zu Grundt gieng/gern geholffen hetten/ zum Ludouico seinem Enckel/als zu einem Hencker/geschicket/der auff dieses deß Bapsts heimliches Angeben/alle Eylfft ohn Verzug hat tödten lassen/vnd zum Fenster hinauß geworffen/darauff auch die Römer dem Bapst hart nachgestellt/der sich mit diesem Hencker Ludouico auch bald in die Flucht gegeben hat. Platina.

Paulus II.

Dieser Bapst hat die Lehre vnd freyen Künste also gehasset vnd verschmähet/daß er alle/die/so damit zu thun hatten/Hereticos oder Ketzer thät nennen. Darumb er auch alle Abbreuiatores, darunter Platina vnd andere viel hochgelehrter Leute gewesen/abgeschafft/jhnen das jhre vnverhörter Sache beraubet/sie trefflich geschändet/vnd ins Gefängnuß stecken vnd daselbsten foltern lassen. Vnd da er darumb angelanget/hat er keinen hören wollen/vnd wenn er sie gehöret/vbel angefahren/vnd gesagt: Wie? Weistu nicht/daß alle Recht in vnsers Hertzen Laden eyngeschlossen sind? Die Meynung hats/sie sollen sich alle hinweg machen/ziehen nur hin wohin sie wollen/ich achte jhr gar nicht. Ich bin Bapst/mir geziemt nach meines Hertzen Gefallen anderer Bäpste Acta vnd Handlung zu bestettigen oder zu vernichtigen. Platina.

Hörest du hie lieber Christ den Teuffel/wie er in der Kirchen Gottes sitzet/vnd erhebt sich auch vber die Aposteln/Petrum vnd Paulum. Dann ists war/daß Petrus vnd Paulus seyn die ersten Stiffter vnd Bäpste gewesen der Kirchen zu Rom. Vnd dieser Bapst hat Macht nach seines Hertzens Gefallen/anderer Bäpste Acta zu vernichten. So wil folgen/daß er auch Macht habe/

Der Erste Theil/Vom Leben

Petri vnd Pauli Lehr/Satzungen vnd Acten zu vernichten/ das ist/mit Füssen zu tretten. Leug Teuffel/ leug.

Alexander VI.

Dieser Bapst ist vbermühtig/ grawsam vnd einer vnerhörten Geilheit gewesen: Denn er bey seiner Tochter Lucretia beygeschlaffen/ vnd abscheuwliche Vnkeuschheit mit ihr getrieben hat: Sermonetam die Statt Lanij hat er seinem Herrn genommen/vnd dieser heyllosen Tochter zu bewohnen vbergeben: Die Tochter aber/ so Lucretia geboren/ soll dieser allerheyligste Vatter auch verfället/vnd alsdann jederman gemein gemacht haben. Auch die Lucretiam seinem Sohn hernacher bygelegt. Appendix Platinæ. Auff diese Lucretiam ist eine Grabschrifft vorhanden/ also:

    Hoc iacet in tumulo Lucretia, nomine, sed re
      Thais, Alexandri filia, sponsa, nurus.
    Lucretia liegt hie begraben/
    Der Hurn Thais Nam sie solt haben:
    Bapsts Alexandri Tochter ohn Scheuw/
    Zugleich sein Schlaffbuhl vnd SohnsFrauw.

Iulius II.

Dieser Bapst ist ein tyrannischer Kriegsmann gewesen/ Dann er sich selber in eygener Person mit Krieges Wehr vnd Waffen angethan/vnd ein gantzes Heer Kriegsleute von Rom wider den König in Franckreich hat außgeführet: Da er nun auff die Brücke der Tyber kommen/hat er vber laut diese Wort gesprochen: Wann vns die Schlüssel deß Apostels Petri nichts aus seyn/Wolan/ so wöllen wir das Schwerdt Pauli zücken. Vnd hat also die Schlüssel/ so er mit genommen/in die Tyber geworffen/vnd das Schwerdt auß der Scheyden gezogen.

Arnal-

vnd Wandel etlicher Bäpste.

Arnaldus Ferronus, Galliæ Historicus. Burdegalensis, Parlamenti Senator.

Dieser als er einmal die Schlacht verlohrn/hat er das Bettbuch an die Erden geschmiessen/Gott im Himmel gefluchet/vnd mehr verruchter Kriegsstück mit Sauffen vnd anderen Muhtwillen geübt / daher auch Keyser Maximilian ein gemein Concilium beschlossen/ vnd dasselbige an alle Stände deß Reichs/ durch Brieffliche Vrkundt/ so noch hin vnd wider vorhanden seyn/außkommen lassen.

Leo X.

Es hat Paulus Iouius ein Bischoff von Nucena, den Bapst Leonem weidlich außgestrichen/in vier Büchern/de Vita Leonis, da dann wie sonderliche Edelgesteine der Bäpstlichen Heyligkeit herfür leuchtet/ daß er grosse vnsättliche Lust an Narren vnd albern Leuten gehabt/mit denen er sonderliche Kurtzweil getrieben/ vnd auß Narren vnsinnige gemacht hat: Solche vnd dergleichen Affen vnd Alfentzer sind sein Leben/Frewd vñ Wonne gewesen. Wie er dañ auch mit Charten vñ Schachspielen sehr kunstreich vnd wolgeübt gewesen ist. Vnd welches das ärgeste ist/hat er mehr denn ehrlich/ja mehr deñ menschlich/ich geschweige/Geistlich ist/seine junge Kämmerlinge vnzüchtig geliebet. Ist daneben ein Kunstreicher vnd eyfferiger Jäger gewesen/ nicht alleine Hirsch vnd dergleichen Wildt zu schlagen/ sondern auch Vögel zu fangen / darzu er allerley Falcken abgerichtet/ die sie stiessen.

Dieser Bapst ist es/ vnter welchem der thewre Mann Gottes/ Lutherus/ auffgestanden zu predigen. Da were es fürwar besser gewesen/dieser Bapst hette die Bibel für die Nase genommen/vnd die Argumenta Göttliches Euangelij/zu seiner vñ der gantzen Welt Seligkeit fleissiger erwogen. Aber das were wider den Bapst Orden gewesen.

F 2   Paulus

Der Erste Theil/Vom Leben
Paulus III.

Dieser Bapst hat ein Schwester gehabt/die dem Alexandro VI. davon wir auch kurtz zuvor gesagt haben/hertzlich lieb war/ drumb er diesen jhren Bruder zum Cardinal gemacht hat/biß er endtlich also auff den höchsten Stul kommen. Ist also vnkeusche Liebe zu Rom/so viel als eine Promotorial Schrifft/zu hohen Digniteten zu kommen. Er hat seinem Sohn Petro Aloysio viel Muhtwillens/Gewalt vnd Geilheit zu treiben/vergönnet/ ja durch jn/als seinen Hencker/die Perusiner tyrannischer Weise bezwungen/weil sie den Bäpstischen Legaten nicht zusehen wolte/in d' Statt Peruß viel Muhtwillens vñ Vnzucht zu treiben: Drumb er etliche grosse alte Familien vnd Geschlecht mit dem Schwerdt außgereutet/vnd viel ins Elende verstossen. Viel Häuser/Thürn vnnd Kirchen in der Statt nidergeriessen/daß er jhnen ein Schloß vnd Zwinger ober den Kopff bauwete/davon er auff beyde Märckte sehen köñe. Appendix Platinę. Das heisset recht/Weltliche Herrn herrschen/jhr aber nicht also.

Dieser Bapst ist der/so da/als er gedrungen war ein Concilium in Teutschlandt zu halten/außsagte/vnd fürwenden ließ: Er köndte den Teutschen Lufft nicht leiden.

Sixtus V.

Was sollen wir von diesem Sixto viel sagen? Wir wöllen vns der Kürtze befleissen/vnd vns beruffen auff die Protestierenden Stände der Kron Franckreich/die da durch etliche gelehrte Leute von dieses Bapstes Excommunication wider den König Henricum von Navarra, vñ Henricum Borbonium Anno 1585. ergangen/protestieren: vñ vnter andern außführlich den Bapst Sixtum V. bezüchtigen/erstlich/daß er ein Gottloser/Gottes vñ seiner Rechten vergessener Mensch sey. Zum andern/daß er ein Tyrann sey in der Christlichen Kirchen. Zum dritten/daß er die
heylige

vnd Wandel etlicher Bäpste.

heylige Religion verdorben vnd zerrüttet. Zum vierdten/daß er ein Kirchendieb sey. Zum fünfften/ daß er schuldig sey an der Verletzung der höchsten Maiestätt. Zum sechsten/ der ein Crimen perduellionis, Vnd zum siebenden ein Crimen falsi begangen. Das ist sich wider die rechtmässige Obrigkeit vnnd öffentliche Freyheit verschworen/ vnd Gesetz/ Siegel vnd Brieff verfälschet. Brutum fulmen.

Aber dieser Bapst Sixtus mag sich mit allen Papisten deß getrösten/ daß ers nicht alleine ist/ weil er vnter den Bäpst mehr dergleichen Gesellen hat.

Bey diesem wöllen wir es/von den Bäpsten mehr zu sagen/ bewenden lassen/ auß den Vrsachen/ daß die Papisten jhr öffentliches Speculū pro Christianis seductis, nur zu weit vollnzogen/ damit wir gleichwol zum theil wissen möchten / was sie vns verführten Christen (wie sie vns Euangelischen nennen) für einen Spiegel fürgestellet haben. Zu dem wissen doch vnser Leute wol/ die da in Welschlandt reysen / was die jüngsten Bäpste für ein heylloses (heyliges wolte ich sagen) Leben geführet.

Wöllen das mit der History Roberti Licij, eines Barfüsser Mönchs/ beschliessen/ der solte einmal predigen in einer herrlichen Zusammenkunfft deß Bapsts vnd der Cardinäl/ vnd der gantzen Clerisey. Sihe/da hat Robertus ohn alle Vorwort/ angefangen vnd gesagt: Pfey Petre, pfey Paule, zu beyden Seiten außgespeyet/offt widerholet/pfey Petre, pfey Paule: vnd hiemit davon gangen. Dieses hat grosse Auffsicht gemacht bey den Herrn/vermeynet/ er were vnsinnig/ vielleicht ein Ketzer/ Jüde oder Mammeluck worden. Ist endlichen beschlossen/ man solte jhn in Beysein weniger Cardinäl/darumb zu Rede setzen/vnd befragen/wie er so lästerliche Wort außgestossen? Das da geschehen/hat er geantwortet: Er were in Willens gewesen zu predigen/auch die Summa seiner begrieffenen Predigt erzehlet. Aber

F iij da ich

Der Erste Theil / Vom Leben

da ich sahe (saget Robertus) in was Pracht / Wollust vnd Geyl-heit / jr meine Herrn Bäpste vnd Cardinäl lebten / vnd dabey mir einfiel / wie ein geringes / armes vnd einfältiges Leben die Heyligen Apostel / deren Statthalter jhr seynd / geführt haben. Als daß habe ich diese Rechnung bey mir gemacht / daß entweders die Apostel vnsinnig müsten gewesen seyn / welche einen so harten vnd rauhen Weg gen Himmel gangen / oder daß jhr den nehesten mit einander / Bapst vñ Cardinäl / der Hellen zutrabeten. Wiewol ich von euch / die die Schlüssel deß Himmelreichs haben / keinem bösen Argwohn statt gib / vnd in mein Hertz nie hab solches kommen lassen. Vnd darumb so were nichts mehr zu thun / dann daß ich mit diesen Wortl / pfey Petre / pfey Paule / der Apostel Petri vnd Pauli Thorheit vnnd Einfalt thäte verspotten / welche ja so wol als jhr hetten mögen gut Leben han. Aber sie wolten viel lieber / all jhr Leben in Fasten / Beten vnd schwerer Arbeit verzehren. So hat er gethan. Was wirstu lieber Leser thun / wann du dieser Bäpste Leben also angehöret? Wo wirstu Speichel nemmen / daß du / wie nöhtig / sagen kanst / pfey Petre / pfey Paule / Oder darauff / pfey Bapst / pfey Antichrist.

Eine Frag / die bricht nicht.

Ich frag / Ob diese erzehlte Bäpste seyn Christi Statthalter vnd Successorn / oder Nachfolger Petri gewesen / Item / in welcher Hertzen Schreine begraben liegen / die Schätze Göttlicher Weißheit: Item / ob sie Numina etwas göttlichs gewesen seyn: Item / ob sie jrdische vnd Sichtbare Götter seyn gewesen / Item / allgemeine Vätter aller Gläubigen vnd aller Schäflein Christi: Item / Häupter der Kirchen. Item / die Himmlische Willen haben: Item / die vollmächtige Gewalt haben vnnd die Fülle der Schlüssel. Item / die da vermügen zu thun alles was Gott thut.

Item /

vnd Wandel etlicher Bäpste.

Item/ daß jederman für Gut oder Böß erkennen soll/ was sie für Gut oder Böß erkennen. Item/ Ob sie gesündiget haben/ wie sie wöllen/ dennoch von jhrer Bäpstlicher Gewalt nicht gefallen seyn. Item/ Ob sie seyn die Gesalbeten deß HERRN gewesen. Item/ Ob sie seyn das Fundament deß Glaubens gewesen. Item/ Ob bey diesen Bäpsten/ wann sie im Stuel jhrer Maiestätt gesessen/ der heylige Geist gewesen/ ꝛc.

Dieses alles/ so neben vielen andern erwiesen kan werden/ das von Bäpsten außgeschrieben wirdt/ fasse ich in eine Frag/ mir mit Ja oder Nein zu antworten/ Ob die erzehlten Bäpste solche Leute gewesen seyn/ oder nicht? Sagt man Ja: So kan der lebendige Teuffel auch Bapst seyn: Dann was von der Bäpste Leben erzehlet ist/ seyn Teuffelische Wercke. Sagt man Nein: So haben jhre Canonisten wider Gott vnd alle Rechte/ von den Bäpsten (mit Gunst) gelogen: Dieweil nicht Bäpste Ideæ Platonicæ seyn/ sondern Menschen vnd Männer seyn es/ die da Alexandri, Clementes, Sixti, &c. genennet werden.

Wirdt man mir aber antworten/ daß nur etliche nicht gut seyn/ So frage ich/ wo dann die vnauffbindtliche Kette der continuirten Succession bleibet/ die durch so viel Jahr vnd Person auffgeschürtzet worden? Vnd frag/ wer damals Richter (der Einzel seyn soll) vber die heylige Schrifft gewesen sey? Bellarmine schürtze dich/ vnnd antworte hic. Aber behüte vns GOTT für solchen Richtern vnnd Berichtern.

Vnd daß ich dieses sonderlich mit anhänge/ so wil Iohannes de Turre Cremata in summa de Ecclesia lib. 2. cap. 109. & 110. beweisen: Daß der Bapst nicht jrren könne in denen Dingen/ die zu dem Glauben vnnd der Menschen Heyl vnd Seligkeit nohtwendig sind. Subsumo.

Aber

Aber die droben erzehlten Bäpst haben grewlich geirret / in Keuschheit / Zucht / Ehrbarkeit / Heyligkeit / Gottesforcht / Liebe deß Nechsten. Darumb wil folgen / daß nach der Bäpste Leben vnd Glauben / nicht wirdt nöhtig seyn zur Seligkeit / was Gott für gute Werck erfordert / als Keuschheit / Zucht / Ehrbarkeit / Heyligkeit / Gottesforcht / Lieb deß Nechsten vnd dergleichen. Was ist dann nun jhr grosses Ruffen von guten Wercken zur Seligkeit: Die nach der Bäpste Leben (als der Häupter) zur Seligkeit nicht nöhtig seyn? Aber hiervon gnug. Folget nun das Ander Theil dieses Buchs.

Der Ander Theil.

Biß anhero haben wir von den Häuptern der Römischen Kirchen / vnd jhrer vnheyligen Heyligkeit / etliche Geschichte erzehlet: Nun müssen wir auch nach der einmal gesetzten Ordnung / zum Bauch deß Baystthumbs / als den Herren / die nicht Bäpste / auch nicht schlechte Mönche seyn / greiffen. Vnd damit wir in der Jahrzahl gleich mit vorigen Bäpsten eyntreffen / so wöllen wir auch von der Zeit anfahen. Als vmb das Jahr Christi 790. vngefähr / ist ein Abbas zu Hersfeld / Balthardus / gewesen / an denselben schreibt eine Geistliche Nonne zween Buhlen Brieff / in welchem sie hertzlich bittet / er wolte zu jhr kommen / ꝛc. vnd nennet sich seine schöne Frauwe / welcher er auch Schäncke vbersendet. Chronicon Schafnaburgense. Ist ein fein Stücke von einer keuschen Jungfrauwen.

Zu Mentz hat sichs begeben / daß als der Keyser Henricus III Pfingsten gehalten / deß Ertzbischoffs vnd deß Abbats von Fulda Gesinde / vmb die Städten vneins worden: vnd so weit kommen / daß sie sich auch in der Kirchen grewlich verwundet.

vnd Wandel etlicher Prelaten/ꝛc.

det. Als man diesen Tumult gestillet/ vñ gesungen/ Hunc die gloriosum feci, Diesen Tag hab ich herrlich gemacht: Da hört man eine Stimme deß Teuffels laut vberall in der Kirche: Hunc diem ego bellicosum feci, Diesen Tag hab ich Blutsüchtig gemacht. Vñ hab also der Teuffel jrer gespotet/ ins Fäustlin gelachet vnd gefrolocket vber jrem Ehrgeitz. Nauclerus volum. 2. Generat. 36.

Wie ein Mönch gar seltza zum Bischofftthumb kommen/ vnd eine Nonne zur Abbatissin gemacht/ erzehlet Ranulphus lib. 6. ca. 21. also: Henricus III. davon droben gemeldet/ hat grosse Lieb vnnd Kundtschafft gehalten mit einer Nonnen/ die er auch stäts zur Seiten gehabt/ vnnd jhrer gepflogen. Nun geschichts/ daß er einmal vngefähr deß Nachts zum Fenster herauß gucket/ vnd sihet/ wie diese seine Freundin/ einen Mönch auff dem Nacken hat/ vnd trägt jhn heimlich davon. Dieses sihet der Keyser/ vnd weil er sie/ wegẽ gepflogener Liebe/ lieb hatte/ mochte er sie nie verrahten/ Sondern als ein Bischoff gestorben/ schenckt er diesem Mönch das Bischoffsthumb/ mit diesen Worten: Vide ne vltra equites in dorso mulieris: Vnd diese heylige Schwester macht er zur Abbatissin/ mit diesen Worten: Accipe Abbatiam, & vide ne vnquam portes Clericum equitantem. So wol ist jhnen dieser Ritt vergolten.

Ein Bischoff von Würtzburg Bruno, hat einmal auff dem Wasser mit dem Keyser Henrico III. doch auff zweyen vnterschiednẽ Schiffen/ spatziren gefahren: Da kompt ein schwartzer Morian/ der redet den Bischoff an/ Hörestu/ hörestu/ spricht er/ Herr Bischoff. Ich bin der Teuffel/ du bist mein/ vnd du ziehest hin wo du wilst/ so bistu doch mein. Dieses mahl wil ich dir zwar nichts thun/ aber es soll nicht lang währen/ so solt du mich wider sehen. Der Bischoff zeucht mit dem Keyser fort vnd kehren in ein Flecke Bosenburg zugleich eyn: Da sie sich kaum gegrüsset/ fällt die Stube eyn vñ erschlägt den Bischoff. Auentinus lib. 5. Annal. Boiorum.   G   Ein

Der Ander Theil/ Vom Leben

Ein Bäpstischer Pfarrherr / der macht einmal ein seltzam Spectackel mit verstorbenen Seelen/das Krebse waren. Dann er nimbt etliche Wachßliechtlein/ die klebt er den Krebsen auff die Rucken/ zündet sie an/ vnd lässet sie deß Nachts also auff seinem Kirchhoff herumb kriechen. Dieses war nu im finstern grewlich anzusehen. Er that hierauff viel Predigten/beredet die Leut/daß dieses vieler verstorbenen Seelen weren/ die da durch Meßlesen vnd Almosen müsten auß jhrem Fegfeuwer erlöset werden. Dar ober er dann viel Gelts gemarcket. Biß man endlich einen Krebs zween drey/ungefähr mit den Liechtern findet/die sich verkrochen/ vnd nicht fleissig wider auffgesuchet waren. Erasmus. Hie siehest du/ wie viel ertichter Practicken diese vnnd dergleichen geistliche Herrn gehabt / damit sie den gemeinen Mann bey der Nasen herumb geführet/ vnd jhm das Gelt auß dem Beutel gezaubert haben. Ist das recht /also mit Glaubens Articteln(als jhnen das Fegfeuer ist)zu spielen/vnd Simoniam, das ist/geistliche Schinderey zu treiben.

Was der verbottene Ehestandt bey den Priestern außgerichtet hat/ ist leichtlich zu erachten:doch wöllen wir hören/ was Auentinus von den Zeiten deß Gregorij VII. dessen wir droben gedacht/schreibet. Die Priester/sagt er/folgten jhrem Fuhrman/ dem Bapst: der da Tag vnd Nacht in der Milthildæ Küssen vnd Hertzen sich weltzet. Vnd weil dieser Bapst mit einem offentlichen Edict den Ehestandt verbot/ vnd dem Volck nicht zulieb/ die Meß von denen zu hören/so da beweibet waren/oder sie für Priester zu halten:so geschach es/daß sie für ein Weib/schier sechshundert andere in jren Häusern hielten. Das war die Frucht solches heyligen Verbots/vnnd das waren keusche Heyligen/ die keiner Weiber bedorfften.

Ein Bischoff zu Cracaw/Paulus genannt/ist vnter andern ein Jäger gewesen/allen seinen Fleiß darauff gehangen/ vnd da es ein

vnd Wandel etlicher Prælaten/ꝛc.

es ein Jäger ohn gefähr verſicht/ daß er ein Wildt von den Netzen verjagt/ erſticht er jhn mit einem JägerSpieß. Cromerus lib.10. Dieſer hat ein Nonnen zur Concubin gehalten.

Wer die Biſchoffe vnd Prælaten vmb die Jahr Chriſti dreyzehendhalb hundert geweſen ſeyn/ das müſſen wir nach der Länge vom Cardinal Hugone hören/ da er ſchreibt: Die gantze Arbeit vnſer Prælaten iſt dahin gerichtet/ daß ſie jhre Eltern vnd Blutfreunde reich machen. Vnter deß laſſen ſie die Armen ſterben an Leib vnd Seel/ in Pſal. 104. Item/ die Welt liegt noch gantz in der Sicherheit/ doch wöllen wenig nit alleine in die gantze Welt gehen/ ſondern auch nit in jre Kirchſpiel. In Marc. cap. 16.

Item die Prælaten zu dieſer vnſerer Zeit werden den Götzenbildern vergliechen/ ja ſie werden Götzen genennet/ erſtlich darvmb/ daß ſie ſcheinen als lebten ſie/ vnd leben doch nicht. Zum andern/ ſie ſcheinen als werens Menſchen/ vnd ſeyns doch nicht/ haben nur die Geſtalt/ vnd nicht die Warheit. Zum dritten/ man kleydet ſie außwendig mit Goldt vnnd Seyden/ innwendig aber ſeynd ſie Leym vnnd Holtz. Zum vierdten/ ſo wenig wie die Götzen die Jhre verſorgen vnd achten/ ſo wenig achten ſie auch der Jhren/ welchen ſie vorſtehen ſolten/ in Pſal. 134.

Item/ vnſere Prælaten vnd Vnterthanen beiſſen ſich vntereinander/ jene thun dieſe in den Bann/ dieſe appellieren: Hiemit ziehen ſie zugleich nach Rom/ vnd kommen wider/ vnd einer hebet den andern auß dem Sattel/ in 10. cap Matth.

Item/ der HERR Chriſtus vergleichet die Phariſeer den Todtengräbern/ Sepulchrum aber hat den Namen davon/ daß es Semipulchrum, halb ſchön ſey. Alſo auch die Prælaten vnd groſſen Magiſtri, ſeyn auch nur halb ſchön/ außwendig ſchön vnd weiß/ innwendig ſtinckendt. in cap. 23. Matth.

VVilhelmus Pariſienſis trifft mit eyn: ſchreibt/ daß die clerici keine Gottesforcht noch Lehr haben/ ſondern viel mehr an ſich tragen

Der Ander Theil/Vom Leben

tragen Teufflische Schandtfleckl/allerley Grewel der Sünden vnd Laster/vñ daß jre Sünde nit schlechte Sünde seyn/sondern Grewel der Sünde: Daß sie nit die Kirche seyn/sonder Babylon/ Aegypten vñ Sodoma. Daß die Prælaten nit die Kirche erbauwen/sondern vielmehr verwüsten vnd Gottes spotten: vñ daß sie die Glieder deß Teuffels vnd Gottes Feinde ehren/ vnd den Lucifer widerumb in den Himmel der Kirchen Christi setzen. Libro de collatione beneficiorum in Catalogo testium veritatis.

Ein Cardinal/Petrus genañt/ein geheimer Freundt deß Bapstes Sixti IIII. hat also gelebt/daß er schiene/er were allein geboren Gelt zu verschwenden. Dann in zweyen Jahren hat er zwey mal hunderttausend Ducaten in muhtwilligt feygem Leben verthan/vnd 60. Tausent Ducaten ist er schuldig blieben/zu letzt in dieser Schuld gestorben/gantz außgemergelt vñ verwelckt von Wollust vnd aller Büberey/als er 28. Jahr alt gewesen. Was meynestu/wañ er hette sollen älter werden? er hette wol die gantze Welt verschwendet.

„ Platina in vita Dionysij. Zu vnsern Zeiten ist alle Ding mit
„ den Bischoffen auffs höchste gekommen/vnnd man kan zu jhrer
„ Hochfart vnnd Pomp nichts mehr hinzu thun. Jch geschweige
„ hie der Vnkeuschheit. Item/da man sihet so viel Jüngling in
„ Seyden vñ Purpur/auff muhtigen vnd wolgeschmückten Pferden fornen herziehen. Item/ so man sihet/die hierauff folgenden Pfaffen vñ Cardinäl/in allerhand Farben/köstlichen Mänteln/auff den güldenen Stücken/ober die Roß; außgebreitet/
„ herreitendt. Ich weiß wol/solte die alte Ehrbarkeit solchs sehen/
„ sie würde es vermaledeyen/ vnd sagen/daß ausserhalb deß leeren
„ Namens der Religion/nichts Christlichs an jhnen were.

Es ist ein Bischoff gewesen/mit Namen Leopoldus, mit dem „ Namen ein Bischoff/in der That ein Tyrann/vnd Gottes vergeßner Mensch. Zu dem sagt einmal ein Edelmañ: Lieber Herr Bischoff/

vnd Wandel etlicher Prælaten/ꝛc.   53

Bischoff/jr seydt vns Leyen sehr ärgerlich mit ewerem bösen Exempeln: Ehe jhr zu diesen Wirden kamet/pflegt jr ja nach Gott zu fragen / vnd jhn förchten. Dem antwortet er auff diese Weise: Es waren zween Nachbawr vnd Brüder/der eine sündigte auff deß andern Exempel: Sturben beyde vnd kamen in die Hell / da sie nun in der Qual waren/schrey der eine vber den andern Zeter vnd Mordio/daß er durch sein böß Exempel verführt were. Darauff der ander geantwortet: Lieber Nachbawr / dünckt dich daß meine Stelle besser ist als deine/so kom̃ hieher sitzen / ich wil da sitzen. Also/sprach er/ Lieber Bruder / wann wir beyde in die Helle kommen/wil ich auch zu euch sagen/wanns euch gut deucht/wöllen wir vnser Stellen mit einander verwechseln. Dieses schreibt Cæsarius. Solte dieser Bischoff auch wol eine Hell geglaubt haben/oder ja/solte er wol gewust haben den Spruch deß Propheten? Ich wil sein Blut von deinen Händen fordern? noch seyn es Säulen der Catholischen Kirchen.

Man lieset in Vitis Patrum, daß einer in den Mönchs Orden hab tretten wöllen / vnd sein Söhnlin mit ins Kloster gebracht/welches der Abt gehertzet vnd geküsset / vnd den Vatter zum ersten vnd andern mal gefragt / ob er dieses sein Söhnlein lieb hette. Da ers bejahet: hat der Abt gebotten/wenn ers lieb hette/so solte ers in den glüenden Offen werffen / welches auch geschehen. Also lieber Christ/ haben sie jhre Menschliche Ordens Regel den Gebotten Gottes weit fürgezogen / wie du auß dieser mördtlichen That wol sihest.

Es ist ein Bischoff gewesen / der hat einen Priester gehabt/ den hat er auß den Vrsachen vom Dienst verstossen/daß er zu offt Messe hielte für die verstorbenen/ vnnd selber hat ers doch auch nicht gethan. Diesen haben/da er deß Morgens zur Metten gangen/etliche Gespenst erschreckt/vnnd ankündet/er solte dieses ändern/ oder er würde sterben: Darauff er dem verjagten Priester

G iij   wider

Der Ander Theil/ Vem Leben

wider zum Dienst geholffen. In Promptuario Discipuli de tempore. Was ist es Wunder/daß wir Euangelische nicht groß auff die verfluchte Meß halten/ da die Bischoffe selber jhre Pfaffen davon abhalten?

Arnoldus erzehlet von einem Münch/ daß man jhm ein Bischoffthumb auffgetragen habe/ welches er doch mit nichten weder auff seines Bischoffes oder Abbats Befehl hat annemmen wöllen/ sondern hart widerstanden. Da er verstorben/ soll er einem seines Ordens Brüder erschienen seyn/ der jhn gefraget/ ob jhm dieser Vngehorsam auch geschadet. Darauff er geantwortet/ were er Bischoff worden/ so were er verdampt. Denn/ sagt er weiter/ so weit ist es mit dem Zustandt der Kirchen kommen/daß dieselbe nicht anders werth sey/als daß sie nur von losen verworffenen Bischoffen geregieret werde/ꝛc. Höre wol zu/ wöllet jhr Papisten von den verstorbenen Seelen die Warheit fragen/ vnd haltet jhr Außsag für wahr/ so muß dieses auch wahr seyn?

Was der Discipulus in seinem Promptuario vom Vdone einem Bischoff deß Stifftes Meydeburg warhafftig erzehlet/ ist viel zu weitläufftig alhie zu widerholen. Kürtzlich rühmet er jhn aber also/daß er Gottes vnd seiner Seligkeit vergessen/ vnd ohn alle Schew auff Wollust vnnd allerley Art Laster vnnd Schande sich gewandt habe. Vnter andern aber/ da er mit einer Abbatissin in dreyen vnterschiedlichen Nachten Vnzucht getrieben/ hat er diese Stimme dreymal gehöret.

Fac finem ludo: quia lusisti satis Vdo.
Vdo mach diesem Spiel ein End/
Es ist gnug zum guten dich wend.

Da er aber verstocket vortgefahren/ hat man jhn in der Kirchen Todt gefunden/ daß jhme der Kopff vom Rumpffe abgerissen gewesen.

Bey demselben Authore lieset man auch/ wie ein Archidiaconus

vnd Wandel etlicher Prelaten/ꝛc. 55

conus einem Bischoff nachgestanden/ daß er jhn vmbbrächte/ damit er Bischoff würde. Hat derwegen Gelegenheit außgesehen/ daß der Bischoff allzeit der erste in der Metten war/ darumb er einen grossen Stein ober die Thür gelegt/ der jhn auch/ als er die Thür eröffnet/ den Kopff zerschlagen/ vnd vmbs Leben gebracht hat. Also ist dieser folgendts zum Thumb kommen. Solche Practicken haben sich viel begeben vnter den Geistlichen Herrn/ die/ wie aller Raben Augen auffs Aaß/ also auff die Pfründen gewartet.

Es wirdt weiter ein Clericus in Burgunden/ Damianus benennet/ der jhm eine mächtige Kirche vnter die Handt gebracht hat: Dieser als er gehöret/ daß einer am Ende deß gewöhnlichen Euangelij diese Wort gelesen: Wer sich ernidriget/ soll erhöhet werden. Hat er diese Wort außgelacht/ vnd gesagt/ Es were nit wahr: Dan sprach er/ hette ich mich für meinen Feinden gedemütiget/ hette ich heute nicht so viel Kirchen vnd Decem zu heben. Darauff er mit einem Donner erschlagen ist. Idem.

Gregorius in Dial. lib. 4. gedenckt eines Bischoffs/ der habe Gelt genommen/ vnd Valerium einen Gottlosen Menschen ehrlich zur Kirchen Begräbnuß bestättigen lassen. Darauff er vom Gespänst verwarnet vnd erschreckt/ deß Abends frisch vnd gesundt zu Bett gangen/ deß Morgends todt im Bette gefunden. Also ist jhnen Kirch vnd Capell zu Kauff gewesen/ vnd darumb das Gerichte Gottes vnbarmhertzig ober sie ergangen.

Eine gar sonderliche Art auß der Schrifft etwas zu erweisen/ haben wir von einem Bischoff/ der sonsten nicht viel gestudieret/ auff diese Weise: Er gieng in geringen Kleydern mit Schafsbeltz gefüttert/ vnd diese seine Kleydung wolte er mit Gottes Wort beweisen/ vnd brachte diese Vrsach: Dann sagt er/ Man singt ja in der Kirchen nicht/ O du Katz/ Mardter oder Wolff Gottes/ sondern O du Lamb Gottes. Hierauß meynet
er/ wolte

er/wolte folgen/daß man Schafsbeltz tragen müste. Ranulphus lib. 7. cap. 8. in Polychronio. Ist das nicht Bischoffliche hohe Weißheit/ derer/ die vns Glaubens Artickel setzen sollen? Dieser ist hernach gecanonisieret / vnd vnter die Heyligen gerechnet worden.

Newes ist es nicht/ daß die Bischoffe (obs jhnen schon wol von Rechts wegen verbotten) mit in den Krieg ziehen/ vñ Kriegsleute werden/ wie daß derselben viel könnten namhafftig gemacht werden / die wir alle verschweigen wöllen / vnd auff dißmal eine lustige Geschicht/ welche einem solchen Geistlichen Kriegßman widerfahren/ erzehlen. Als Iohannes, eines Königs in Engelland Bruder / mit einem Fürsten Marchadeo, den Beluacensischen Acker verheeret/ hat sich der Bischoff deß Orts / Philippus, hart darwider gesetzt/ vnd weil er mit Kriegs Rüstung besser als mit Büchern wuste vmbzugehen/ ist er dem Feindt mit hellem Hauffen entgegen gerückt. Es wirdt jhm aber sein Volck abgeschlagen / er endtlich gefangen genommen/ vnd gehalten vom König in Engellandt. Darauff schreiben seine Thumbherrn an den Römischen Bapst/ er wolte bey dem König in Engellandt die Versehung thun/ daß er auß dem Elendt erfreyet würde. Der Bapst schreibt an den erwehnten König/ vnd vermahnet jhn/ daß er freundtlich wölle mit seinen Brüdern vnnd Kindern vmbgehen. Der König nimt eylendt die Wehren vnd Waffen dieses gefangenen Bischoffs / vnd schickt sie bey derselben Bottschafft dem Bapst zu/ daß er erkännte / ob das seiner Kinder Röcke weren/ oder nicht. Dessen der Bapst hat lachen müssen/ vnd geantwortet: Zwar es seyn nicht die Röcke/ weder meiner Brüder noch meiner Kinder/ sondern viel mehr der Kinder deß Martis, vnd hat jhn also vnter deß Königs Gewalt vnd Willen lassen bleiben. Ex Matthæi Parisij Chronico. Das heißt recht einen mit seinem eygenen Schwerdt schlagen.

Ein

vnd Wandel etlicher Prælaten/ꝛc.

Ein Cardinal/Iohannes Cremensis/der hat in einem offent=
lichen Concilio grewlich der Pfaffen Concubinen verdammet.
Endlich aber ist er selber auff der Bulschafft beschlagen/vñ/weil
er truncken gewesen/gefasset vnd angehalten worden. Ranulphus
in Polycronio lib. 7. cap. 16. Polydorus Virg. lib. 11. Hist. Ang.
So bald hat der vergessen/was er an andern gestrafft hat.

Ein Streit vnd Strauß hat sich vnter den Bischoffen vnd
Abbaten vmb die Jahr Christi 1267. begeben/vmb die Kleydung/
dann einer erhub sich vber den andern mit Kleydung. So weit
war es mit der Hoffart bey der Geistlichkeit kommen. Da
hat endlich Clemens IIII. diesen Zanck geschlichtet vnd Kley=
der Ordnung gemacht / daß die Apte wol möchten Sammet
vnd Silber tragen/ die Bischoffe aber Golde vnd Edelgesteine.
Auentinus lib. 7. Annalium. Daß Petrus vnd Paulus auch so
seynd gekleidet gewesen/ hab ich noch nirgend gelesen. Ja aber/
warumb haben sie sich nicht auch in die Welt zu schicken gewuste

Zu Lübeck haben die grawen Münche eine reiche Witwe
in jr Kloster/ auß einem andern Kirchspiel/ohn deß Pfarrherrn
Bewilligung/getragen vnd begraben/ damit sie also den Todten
Raub auff sich brächten. Darvber ist die gantze Statt vnschul=
dig vom Bischoff in den Bann gethan vnd das gantze Capitel
zur Statt herauß gejagt worden. Biß dieser Span endtlich
auff Befehl deß Bapstes vom Cardinal wider zu recht bracht.
Crantzius lib. 8. cap. 37. Mercke hie der Münche Geitz. Der
Bischoffe Tyranney. Der Bäpste Lust/ die da binden vnd lösen/
Vnfried vnd Fried machen vmbe Gelt.

Vbel hat sich die Vniuersitet zu Pariß mit den Domini=
canern München vertragen können/ die jhnen zuwider gewesen/
wo sie nur gekönt oder gemöcht: Drumb die Vniuersitet mit allē
Bürgern diese Münche also beschrieben: daß sie weren Heuch=
ler/deß Antichristi Diener/falsche Prediger/der Könige Betrü=
ger/der

ger/der Fürsten Fuchßschwäntzer/Falsche Rähte/Verächter der Ordnung/hinderlistige Nachsteller der Beichtkinder/vnd die da viel Länder/so sie durchwanderten/mit Sünden erfülleten. Vnd das seyn Mänche. Vnd das ist wahr/wie Matthæus Parisius vnd Balæus bezeugen.

Franciscus, der erste Stiffter der Franciscaner oder Minoriter Münch/ist ein geyler brunsthafftiger Mensch gewesen. Drumb damit er dieses Feuwer leschete/hat er sich nackend pflegen im Schnee weltzen/Vincent. lib. 29. cap. 98. Ob nun wol nit auffgeschrieben/ob er thätliche Vnzucht getrieben/so ist doch wahr/daß dieses kein Donū continentiæ,oder Gab der Keuschheit gewesen sey: Dann besser ist freyen als brennen/sagt Paulus/ 1. Cor. 7. Nun hat dieser Heylige Vatter gebrannt / muß derowegen nicht Engelrein gewesen seyn: Wo bleibet nun seine Vergleichung mit Christo / davon wir Gottslästerliche Wort lesen in libro conformitatum Francisci? in welchē sie jn dem HErrn Christo durchauß in allen Stücken sagen gleich seyn.

Dieser grosse Heylige/hat seinem Vater eine grosse Summa Gelts gestohlen vñ einem Priester gegeben/daß er die Kirche Damiani in bawlichem Wesen erhielte. Cap. 2. Legendę Maioris Francisci. Lieber Francisce, wo hastu das gelernet/daß man stelen soll/vnd gebe es vmb Gottes willen?

Hiemit wöllen wir jetzt dieses Ander Theil geliebter Kürtze mit einem Gottsliebenden Mann Arnolpho beschliessen: Dann als dieser die Hoffart vnnd Vnzucht der Cardinäl zu Rom gestraffet vnnd angeklagt/haben sie jhn heimlich deß Nachts vberfallen/vnd vom Lebē zum Todt gebracht. Tritheimius in Chro. Hirsaugiensi. Ist derowegen hohe Zeit/daß ich von diesen Cardinälen zu schreiben auffhör: Köme ich in Spannī oder sonst in jre Klausen/zweiffel ich nicht/was mir widerführ. Folget hierauff das dritte Theil dieses Buchs.

Da

Der Dritte Theil/Vom Leben der Mönche/ꝛc.

Der Dritte Theil.

Vom Leben vnd Wandel der schlechten Mönche/ vnd jhrer Sorten Brüder vnd Schwestern / darvnter auch die Jesuiten/ als der jüngste/ aber hoffärtigste Orden gehören.

JR haben bißanhero gesehen/wie die Bäpste selber/ mit jhrem nechsten Beystandt/ Bischoffen vnnd Prælaten/ ein abscheuwlichs Leben geführet/ vnd die Würffel der Bůberey getragen vnd auffgeworffen. Da wirdt jhme ein jeder bald selber die Rechnung machen/ es werden alsdann die Brüder gut spielen gehabt haben. Vnd was solten sie es besser machen?

Regis ad exemplum totus componitur orbis.

Wie der Herr ist/so ist der Knecht/
Machts jener Böß/dieser machts nicht recht.

Dieses ist zwar vermuhtlich vnd fehlet nicht/Aber doch wöllen wir mehrer Vergewisserung halben/die Histori Scribenten hievon selber hören.

Lambertus in seinem Chronico (der vmb die Jahr Christi 1060.gelebt hat/klaget vnnd schilt die Mönche seiner Zeit / daß sie geitzig/ Ehrsüchtig vnd lügenhafftig seyn/ daß wann sie auch deß Crœsi vnd Tantali Güter hetten/ würden sie doch läugnen/ daß sie etwas hetten. Spricht weiter: Daß dieses Vnkraut/welches zum Hellischen Feuwer bereitet sey/ das gantze Corpus der Christlichen Gemeine/wie eine Erbsucht durchgangen hab.

So lesen wir auch eine allgemeine Klagrede/ von der Mönche vnheyligem Leben/bey einem Apt Petro Cluniacensi,der dißfalls an den Ertzbischoff zu Lugdun schreibt : Das kan ich fast/ sagt er/ von allen Mönchen vnd Klöstern/ so deiner Prouintz vnterworffen

„ terworffen seyn/sagen/daß sie (mit Vrlaub der Frommen) sich
„ Mönche nennen/ vnd seyns nicht/ sondern sind eine Synagog
„ deß lebendigen Teuffels/ denn was haben sie mehr Mönchs Art
„ an sich/als den blossen Namen vnd den Habit: Dañ wo ist Liebe?
„ Wo ist die Armut/so da selig macht? Darumb sag ich abermals
„ von Armut/die selig macht/daß sie tieff in der Armut stecken/da=
„ durch sie zum höchsten begeren reich zu werden/ welches nicht se=
„ lig/sondern elendt vnd vnselig macht.

„ Diese Leute nennen sich Monachos, Einsam vnd abgeson=
„ dert von der Welt/da sie doch mit Hertz vnd That mitten vnter
„ den rechten Weltkindern stecken.

Dieses seyn Vniuersal Klagen/welche gewaltig bewehret werden/von Special Exempeln/ der wir nun etlich herein füh=
ren wöllen.

Nicolaus Boërius, ein fürtrefflicher Jurist/ Præses Curiæ Burdegalensis,ein Verwandter der Bäpstischen Religion/erzeh=
let in seinen Decisionibus Burdegalensibus eine merckliche Historÿ/darauß kurtz vnd geschwindt die Heyligkeit der Ordens Gelübden mag geschlossen werden. Dann nach dem er auß vie=
len Canonisten vnd Glossatorn beweiset/ daß nach der Regel Brigittę,man solche Klöster möge haben/da Manns vnd Weibs= Personen vnter einander seyn/erzehlet er/was sich mit einer Ab=
batissin eines solchen vermischten Klosters begeben habe.Dann zu derselben ein Fürst einsmahls kommen/ vnd sie gefragt/ wie viel jhrer in dem Collegio zusammen weren: Hat sie geantwor=
tet:Es weren 20. Männer Canonisten/ vnd 40. Weibesbilder Canonissin drinnen.Ey hat der Fürst gesagt/ das ist vbel geord=
net/deñ man solte die Zahl vielmehr vmbkehren/vnd 20. Weiber/ aber 40. Männer drinnen halten. Aber sie hat geantwortet: Nein/es sey also gar wol angeordnet/ein jeder Canonist hette sei=
ne Canonissin/ die vbrigen zwantzig weren für die Gäste/ so zu
jhnen

Nonnen vnd Jesuiten.

jhnen kamen. Darob der Fürst wol befriediget / vnd leichtlich verstanden/was die Glocke geschlagen habe. Dieses liesestu bey benanntem Autore Decisione 38.

Es schreibt Ranulphus lib. 6. cap. 7. in Polychronio: Daß dermal eins ein Münch hab deß Nachts zu seiner Schlaffschwester gehen wöllen/vnd weil er seinen Weg vber eine Brucke nemmen müssen / so ist er vnversehens herunter ins Wasser gestürtzet vnd ersoffen. Da seyen die Teuffel vñ ein Engel zugetretten/vnd vmb die Seele gestritten / wer sie wegführen solte. Weil sie sich aber darüber nicht vergleichen können / so haben sie beyder seits beschlossen / die Sache an Richardum den Hertzogen Normanniæ zu bringen/daß er Schidsmañ würde. Der als er die Sache gehöret / hat er ein solches Vrtheil gefället: Sie solten die Seele widerumb dem verstorbenen Cörper verleihen / vnnd jhn auff die Brücken stellen: were denn Sach / daß der Münch nach seinem Bulen gienge / wie zuuor: so solte die Seele der Teuffel seyn/ wo nicht / daß er nach seiner Kirchen gienge/solte sie als dann der Engel seyn. Welches geschehen / vnd hat sich der Münch wider nach dem Kloster gemacht. Ich meyne aber/es soll den Engeln viel vmb solch eines Hurers Seele zu thun seyn.

Es hat ein Einsiedlerischer Münch nicht weit von sich einen Vatter wohnend gehabt: Der hat sich einmal auff den Weg gemacht/daß er den Sohn besuchte/vnd eine Axte auff den Nacken genommen / daß wann er wider zu rück gienge/zugleich Holtz abhiebe vnnd mit nemme. Ehe dieser Vatter ankompt / gehet der Teuffel in einer Englischen Gestalt zu diesem Münch / vnnd spricht: Er sey ein Engel von Gott gesandt/jhn zu verwarnen/ es werde der Teuffel bald zu jhm kommen / in seines Vatters Gestalt mit einer Axte / zu dem End/daß er jhn vmbringe/drumb solle er jhme zuuor kommen / vnd jhn erst erwürgen. Dieses nimmet der Münch in acht / vnd da sein Vatter kompt / erwürget er den selben/ in Meynung/ es sey der Teuffel. Darauff erwürget der Teuffel den Münch als baldt. Seuer. Sulpit. in vita Martini. Dieser heylige Mönch ist noch nicht auß Gottes Wort so viel berichtet gewesen/ Daß der Teuffel ein Geist sey/ der weder Bein noch Fleisch habe/ den man nicht mit fleischlichen Waffen vmbbringen könne/ daß er hierumb deß Teuffels Trug leichtlich hette mercken können/ wann er die Bibel gelesen hette.

Es seyn in Welschlandt Mönch gewesen / die sich Fratres Humiliatos genennet haben/ vnter welchē einer einem Cardinal nach dem Leben getrachtet/ darvber der gantze Ordē vertilget worden. Philippica Ant. Arnaldi.

Eine schreckliche Histori lesen wir vom Gregorio Magno, der mit seinem Decret/ den Priestern die Weiber verbotten hat. Dann als er dermaleins seinen Hälter oder Fischweiher durchziehen lassen/ hat man mit dem Netz mehr dann Sechstausent kinder köpff/ so darinnen ersäufft/ herauß gezogen. Welches jme schmertzlich zu Hertzen gangen/ dasselbe beweinet/ vnnd darauff bald das Decret abgeschafft/ vnd gesagt/ es sey besser freyen dann brennen/ ja es sey besser freyen/ als Vrsach zu solchem Mord geben. Dieses wirfft Huldericus Episcopus Augustanus in seiner Disputation vom Ehestand der Priester für/ denen/ so jhm das Gegenspiel hielten. In Epistola sua ad Nicolaum I.

Zur Zeit Friderici III. lebet Robertus de Licio ein Barfüsser Mönch / der hernach erst Bischoff worden ist: der kompt einmal auff die Cantzel/ vnd vermanet das Volck hart/ zu kriegen wider den Türcken/ vnd beklagt sehr/ daß keiner sich wölle gebrauchen lassen/ Heerführer zu seyn. Vnd darumb/ sagt er/ ehe es daran mangeln solte/ wolte er ohne Scheuwe die Barfüsser Kap hinlegen/ vnd ein Hauptmañ geben. Vnd in dem er dieses redet/ wirfft er die Kappen von sich/ da sahe man/ wie daß er vnter der Kappen ein Kleyd eines Kriegsmans antrug: Stehet

also

Nonnen vnd Jesuiten.

also in Seyden vnd Sammet bekleidet/ vnd hat ein lang Schwert an seiner Seiten. In dieser Kriegsmans Kleydung hat er auff eine halbe Stunde geprediget. Da er hierumb zur Rede gesetzt ward/ antwortet er nichts anders/ als daß ers seinem Bulen zu Gefallen gethan hett: dann die Sponsirerin bekañt/ es gefiel jhr nichts vbels an Roberto/ dann die Barfüsser Kapp/ vnd weil er sie befragt/ in welchem Kleyd wiltu dann mich sehen am allerliebsten/ habe sie geantwortet/ wie einen Kriegsmann. Darauff Robertus jhr befohlen/ sie solte morgen in die Predigt kommen. Appendix Platinæ. Das ist Heyligkeit im Predigampt der Mönche.

Platina in vita Sozimi schreibt also/ Heutiges Tages werden zu Clericken auffgenommen/ nicht allein Knechte vnd leibeigene Leute/ vnd die vom Pöfel empfangen vnd geboren sind/ sondern auch alle Schandvögel/ deren Eltern Bößwicht gewesen seynd/ durch deren Laster die Kirch Gottes zu letzt grossen Schaden empfangen wirt.

Bapst Pius II. hat pflegen einen vmbschweiffenden Mönch deß Teuffels Reithängst zu nennen. Platina.

Cæsarius erzehlt/ daß auff einmal etliche Pfaffen in der Kirchen grewlich hart sollen gegröllet vnd gesungen haben/ daß vber alle Maß hoch gewesen: Da sihet vnter jhnen ein Gottseliger Mann im Gesicht/ wie der Teuffel einen grossen Sack habe auffgesperret/ darinnen er alle Stimmen/ die breiter als eine Handt waren/ eynsamlete. Da der Gesang vollendet/ haben sie sich gerühmet/ wie sie so stattlich vnnd kräfftig gesungen: Darauff dieser geantwortet/ freylich/ denn sie hetten einen gantzen Sack voll gesungen/ vnd hiemit jhnen das Gesicht eröffnet. Hör/ wie viel das Gegröll der Pfaffen Gott angeneṁ sey: welches dem Teuffel den Sack füllet.

Weiter erzehlet derselb Cæsarius in Dial. von einem Pfaffen/ daß sten/daß er mit eines Kriegsmanns Weibe die Ehe gebrochen/ dessen halben auch bey jhm in Verdacht kommen. Darauff der Mann die Warheit zu erkunden/ jhn auffgefordert hat/ mit zu spatzieren auff ein Dorff: Da ein Besessener gewesen/ der alle Sünde geöffnet/ so da in der Ohrenbeicht verschwiegen. Unwissendt gehet der Priester mit/ biß er endtlich den Anschlag vernimmt/ und sich besorget/ er werde auch vom Teuffel verrahten werden/gehet derhalben eylendt in den Stall zum Knechte/ für den kniet er nieder/und beichtet jhm diese Sünde. Bittet jhm ein Straff zur Bezahlüg auffzulegē. Entgehet also: Deñ der Teuffel gesagt in Beysein deß Kriegsmanns/ er wüste auff diesen Priester nichts. Auff Latein aber deutet er dem Priester an/ Er hette sich im Stall rechtfertigen lassen. Merck erstlich/ daß der Priester ein Ehebrecher gewesen. 2. Daß er nicht redlich vnnd recht gebeichtet. 3. Daß er auch vom Leyen die Absolution empfangen. So viel halten sie auff die Warheit jhres Glaubens und Ceremonien.

In Epistola ad Gualterum Meldensium Episcopum, berichtet Iuo, daß er gewissen Bericht habe/ von den Mönchen zu Turon/ wie auch auß dem Schreiben der Gräffin Adelheit/ daß das Kloster der heyligen Faræ, nicht ein Jungfrauw Kloster sey/ sondern ein offentliches prostibulum oder Hurenhauß/ die sich zur Unzucht allen Menschen umb Gelt außbieten. Mercke wol was das Bäpstische Kloster Leben für Frucht bringet: und sonderlich was da für Heyligthumb außgeruffen wirdt/ Wie dann Carolus Caluus in Epistola ad Rauennates die Profession deß Klosterlebens gleich macht dem Sacrament der heyligen Tauffe: welches Gottloß ist zu gedencken.

Von Zwytracht/ Haß und Neid der Orden were viel zu sagen/ darunter zu jeden Zeiten viel Katzengebeises gewesen/ sonderlich schreibt hievon gar artig Petrus Cluniacensis Epist. 16. lib. 5.

Nonnen/ vnd Jesuiten.

lib.5.ad Bernhardum. Ich sehe vnd erfahre es täglich für Augen/ sagt er/ daß wann ein schwartzer Mönch einem weissen begegnet/ so sicht er jhn quer vnd scheel an: Der Weisse sicht widerumb den Schwartzen kaum mit einem halben Auge an. Ich hab gesehen/ daß die schwartzen Mönche/ weil jnen ein weisser begegnet ist/ jn als ein Gespänst/ Chimæram oder Centaurum außgelacht haben/ vnd sich nit anders gebehrdet/ als wann sie ein wunderseltzames frembdes Thier sehen. Hab auch gesehen/ wann die weisse Mönche mit einander gespatzieret/ lustig vnd redselig gewesen seyn/ so haben sie als bald/ wo jhnen ein schwartzer Mönch vnter Augen kommen/ verstummet. So berichtet Petrus. Vnd gehet dieses Brüdern/ wie die Naturkündiger schreiben von Elephanten/ Hirschen/ Löwen/ vnnd Vhr Ochsen/ die man also erschreckt: Nemlich den Ochsen mit rohten Thüchern: Den Elephanten mit weisser Farb: Die Hirsch mit gebrandtem Thuch: Den Löwen mit einem Hancu Geschrey: Nicht anders erschreckt man die weisse Mönche mit den Schwartzen.

Auff diesen Schlag der Brüderlichen einigen Vneinigkeit/ dienet auch/ was sich zwischen den Clericken vñ Capuaner Mönchen begeben hat. Die Mönche hatten einen Verstorbenen vmb Gelt in die Mönchskappen verkleydet (wie sie dann auch die alten Kappen vmb Gelt/ auff diese Weiß theuwer wissen außzubringen) dieses verdreust den Clericken/ der Meynung/ es würde jhnen von jhrem Verdienst viel abgehen: Drumb als dieser verkappeter Todte also zur Begräbnuß außgetragen wirdt/ stürmen sie auff die Leiche zu/ vnd reissen der todten Leiche die Kappen ab/ vnd tretten sie mit Füssen in den Prudel vnd Koth. O erbarme es vber die heylige Kappe. Endlich hat Bapst Calixtus gebotten/ daß man den Mönchen zuließ jhre laußige Kappen frey zu verkauffen. Chronicon Casin. lib.4.cap.74.

Noch eins/ von den Dominicanern Mönchen/ mit den Franciscanern/

Der Dritte Theil/Vom Leben der Mönche/

ciscanern: Diese namen kein Gelt in die Hände/ doch dasselbe leiden sie wol/ daß mans jhnen hinden in die Kapp wirfft/ vnd samlen nichts desto minder grosse Güter zusammen. Dieses mißgönneten jhnen die Dominicaner / schrieben derwegen mit harten Schmäheschrifften wider sie / daß sie vnter dem Schein der Gottseligkeit diese jhre Regel erfunden/ da man doch wüste/ daß sie die aller Geldtgeitzigsten Leute weren. Balœus ex Vuilhelmo Rishanger. Also mißgönnet der eine Bettler dem andern/daß er für der Thür stehet.

Sonsten hat ein gelehrter Canonicus mit Namen Vuilhelmus de S. Amore ein gantz Buch/ welches ist De periculis Mundi, geschrieben/wider grewlich viel Laster der Franciscaner/ derer wol fünfftzig jhnen vber den Kopff beweiset. Als etliche seyn/ daß sie predigen wider vnd ohne die Warheit der heyligen Schrifft: daß sie listig predigen / damit sie andern jhre Zuhörer abspannen vnd an sich locken: Daß sie in die Häuser kriechen/ vnd mercken/ was die Leute für Güter haben : Daß sie sich selber loben/ vnd pralen mit jhren guten Wercken: Daß sie eytel Ehr dieser Welt suchen/ die sie mehr lieben/ als das Gesetz Gottes: Daß sie suchen auff Pharisaische Weise oben an zu sitzen/ vnd sich andern fürziehen: Daß sie fuchßschwäntzen dem gemeinen Man: Daß sie fleischlicher Weise buhlen/ wider die Lehr deß Euangelij: Daß sie sich vmb frembde Sachen bekümmern: Daß sie betteln nicht allein zur Noht/ sondern auch zur Faulheit vnd Wolluft: Daß sie Leute betriegen/damit sie jhnen nur jhr Gut abzwacken: Daß sie gerne Leckerbissen essen : Daß sie auß einem Hauß ins ander lauffen / vnd suchen die besten Herbergen. Vnd was mehr der Laster seyn/die wir heutiges Tages bey den Ordens Brüdern wahr befunden / daß jetzt kein reyner Lutheraner besser diese Ordens Mücken hette beschreiben können.

Weil aber vnsere jüngste Ordens Brüder/ die Jesuiter/ diesen

sen Francisci Brüdern in vielen Stücken gleich seyn/ so wöllen wir nun auch etliche glaub vnd denckwürdige Geschichte/ von denselben den Jesuitern hie anziehen/vnd erzehlen: Dann sie es auch nicht besser machen/ als die Vorfahren/ daß sie recht sagen können/ Non sumus meliores patribus nostris, Wir seyn nicht besser als vnsere Vätter/ dieweil der Apffel nicht weit vom Stamme fällt.

Es soll aber der Christliche Leser wissen/ daß einer mit Namen Elias Hasenmüller/weilandt ein Mitbruder der Jesuiten/ (der doch endlich wider zum Euangelio Christi bekehret) lang vnter jhnen gelebt/ vnd jhnen jhre heimliche Tück fleissig abgesehen hat/derselbe ist durch jhr böses Leben viel geärgert/ auch etliche Geschicht von jhrem Leben zusammen geschrieben/vnd dieselbe vnsers Theils fürnemmen Theologen zu Tübingen/ Jehna vnd Wittenberg gezeiget/ endtlich dieselbe dem Ehrwirdigen vnd Hochgeldhrten Herrn D. Polycarpo Leysern vertrawet vnd gegeben/der sie auch befördert/ daß sie der gemeinen Christenheit zu gute gedruckt würde/ wie dann Gott Lob geschehen/ vnd nunmehr auch verteutscht worden: Dieses Historien Buch/sag ich/ lieber Leser kanstu lesen/ da wirstu weitläuffig vom Leben der Jesuiter berichtet werden/ daß er nach der Länge viel Dings erzehlet/daraus du die Natur dieser Geister/wie man durch die Klawen den Löwen erkeist/leichtlich ermessen kanst. Wir wöllen nuretliche anziehen: Er berichtet/daß ein Jesuitischer Rector zu Lädtesberg mit Namen Crusius gewesen/ der die Vrsachen außgelegt hat/ warumb jhr erster OrdensStiffter hab müssen ein Landesknecht seyn/nemlich wie ein Landtsknecht auff die Feinde zufallen müsse/vnd ehe nicht auffhören/ biß er dieselbe gantz erlegt: so solten sie Ritter seyn/ auff alle die zuzufallen/ so dem Bapst zu Rom widerstunden/ mit Rath vnd That jhnen zu wider streben/ wo sie könnten vnd möchten: wie dann dasselbe jre Regeln vn Gelübde

J ij   besagen.

beſagen. Darauß du jhr Feindſeliges Hertz gegen alle Herrn vnd Fürſten/Bürgern vñ Bauern der Proteſtierenden Stände kanſt abnemmen: denn könten ſie vns mit einem Tropffen Waſſer erſäuffen/ſie nemmen keine Handvoll dazu.

So führet er auch weiter auß/wie ſie zu Rom einen Generalem haben/an welchē ſie alle Mohnatzeit Schreiben gelangen laſſen auß allen Winckeln der Welt/da ſie ſtecken/was ſie außrichten/vñ was da geſchehe vñ für Rathſchläge ergehen. Welcher dann alles zum Bapſt bringet. Vnd daß dieſes deſto leichtlicher geſchehen möge/ſo iſt jhnen auff allerley Art vnnd Manier bald als die vom Adel/bald als Reuter/bald als Kauffleute zu reiſen vnuermerckt/in Teutſchland/Engeland wohin ſie jmmer wöllen/ vergönnt vnd zugelaſſen/wie denn ein ſolcher mit Namen Elianus Campianus in Engelandt betroffen/vnd von der hohen Obrigkeit geſtrafft worden. Darauß du ja mercken wölleſt/daß ſie der gantzen Welt Verſpeher vnd Verrähter ſeyn.

Er beweiſt auch/daß ſie in jrem Orden lehren/Vatter vnd Mutter verachten: Dann als jhr Schüler einer/den er Johannem nennet/einmals ſpatziren gangen/vnnd jhm ſein leiblicher Vatter begegnet/der jhn lang nit geſehen/ſprechen vnd anreden wöllen/hat er ſich eylend vmbgekehrt/den Vatter gefloheu/vnd jhm nicht Rede ſtehen wöllen. Das dem alten Vatter ſehr zu Hertzen gangen/geklagt vnd gefluchet. Ach/iſt das mein Danck/ daß ich dich auff erzogen? Ach/lehren dich das die Jeſuiter? Iſt das jhr Gottſeligkeit/Gehe/ſo müſſe Gott geben/daß du nimer wider kommeſt. Ihr ſeyd nicht Jeſu Brüder/ſondern deß Teuffels/ꝛc. Dieſes hat darnach der Jeſuitiſche Rector hoch an dem vngehorſammen Sohn gelobet. Alſo hörſtu/daß die Jeſuiter jre Gebotte/wie die Phariſæer Matth. 15. weit den Gebotten Gottes furziehen.

Dieſe Jeſuiter können mit nichten vnter den andern Ordensdens Brüdern friedlich seyn/ sondern stehen im stätigen Strauß mit den Franciscanern/ welches daher kompt/ daß sie so wenig an gewisse Oerter zu predigen/ vnd andere Kirchen Dienste zu verrichten gebunden seyn/ wie jene. Als das auß jhren Bäpstlichen Priuilegien leichtlich könnte erwiesen werden. Wo derwegen jene kommen solten/ da seyn diese schon langst gewesen/ vnd reißt also ein Rab dem andern das Fleisch auß dem Schnabel. Daher die Jesuiter auch von jhnen Scorpionen vnnd Peitschen der Mönchs Brüder genennet werden/ welches auch ein Stück ist jhrer Cacotischen Einigkeit.

Von der Jesuiten Keuschheit erzehlet er/ daß man vnter den Jesuiten zu Landsberg/ Köchinnen hab in Jesuiters Kleydern gehalten. Item/ daß man vnter den Jesuiten zu Augspurg eine gesehen hab in Jesuiterischen Kleydern ein Kindt säugen/ alles nach Art der Bäpstin Johannis/ davon wir droben gesagt haben. Es ist jhnen in Bäyern einmahl vbel ergangen/ mit einem Weinfaß/ darinn sie ein loses Weib verschlagen haben/ dann als sie es in jhr Collegium haben bringen wöllen/ ist jhm der Boden außgefallen/ vnd also jederman gewar worden/ was sie für Wein führeten. Solche vnd dergleichen Historien von Jesuitern wirstu da vnzählig finden. Drumb wir auß demselben Scribenten nicht mehr anziehen wöllen/ weil wir auch wissen/ daß sie gern diesen Eliam in Verdacht ziehen wöllen/ als wann er nicht die Warheit berichtet hette/ wie dann dessen halben Petrus Steuarcius wider vor bemeldten Herrn D. Polycarpum Leysern geschrieben/ aber nichts minders bewiesen/ als daß er solte haben die Vnwarheit an Tag gegeben: Wie dann solches von mir vnwirdig in einer ApologiSchrifft erstritten worden/ das wider biß anhero noch nichts eyngebracht.

Sie mögen auch eynbringen/ was sie jmmer wöllen/ so kompt vns wol zu gut die jetzigen Frantzösische Geschichten/ der

Ding/so sie in Franckreich newlich außgerichtet/welches alles gedeyet zu glaub:wirdiger Versieglung/Bestättigung vñ Bekräfftigung/alles dessen/so vom Gottlosen Leben der Jesuiter zuuor geschrieben worden. Dazu wir dann jetzo zu End auch diese denckwirdige Historien, nicht von Euangelischen/sondern von Papistischen beschrieben/zu vnser Warnung für diese Ordens Brüder/wöllen anziehen. Daß/wie dieses jetziger Zeit nunmehr Welt vnd Landruchtig ist/kan niemand verborgen seyn/daß dem König Henrico III. in Franckreich verrähterlich nachm Leben gestanden worden/von 40. zusammen verschwornen Mördern/darunter auch ein Jesuiter gewesen/ein Bruder deß Münches/so den König entleibt hat: Vnd daß weiter ein Jesuiter daselbst gehenckt worden/welcher ein Tractätlein wider den entleibten König Henricum III. vnd den jetzt regierenden Henricum IIII. König von Nauarra außgehen lassen/vñ sonst noch 6. gefangen/die auch den Halß verwircket. Dieses/sag ich/ist von den Jesuiten Landrüchtig/vnd vnnöhtig weiters zu erweisen. Wie auch hie hinzukompt/was sich verschienen 94. Jahr in Decembri gleicher Gestalt gegeben. Denn ein Jesuiter mit Namen Iohannes Castelius, jrgend 19. Jahr alt/sich so mördlich erzeiget hat/daß als zwen Frantzösische Signorn zu dem König Henrico IIII. ins Gemach gangen/er mit einem Scharpffen Messer zu dem König/in dem er sich gegen gemelte Herrn was geneigt/zugelauffen/jm nach der Gurgel gestochen/der Meynung jhm dieselbe abzuschneiden. Hat aber durch Gottes Verhütung (der vber der Obrigkeit hält) der Gurgel gefehlet/vñ den König in den Munde getroffen/jm zween Zähn auß dem Kopff gestossen vñ die Lefftzen verletzet. Vnd das war ein Jesuiter. Wodurch er aber zu diesem Fürnemmen kommen/ist ein Geschrey erschollen/gedachter Jesuiter hette seine eygene Schwester beschlaffen/vnd solche Sünde einem Jesuiter/seinem Beichtvatter/bekennet/welcher

jhn

Nonnen vnd Jesuiten.

jhn nicht schlecht absoluiren wöllen/sondern jhm zur Straff vnd Gnugthuung für seine Sünde aufferlegt vnd eyngebunden/ König Henricum IIII. von Nauarra zu erstechen/zu erschiessen/ oder auff eine andere Weise vmbzubringen.

Als diese vnmenschliche/Teuffelische That also ergangen/ist er/wie billich/ergrieffen/vnd angeklaget. Sonderlich hat sich die Vniuersitet zu Pariß hoch vber diesem Schelmen/vnd seine Præceptorn die Jesuiter beschwehret/hat auch deßfalls Anton. Arnoldi ein gewaltiger gelehrter Mann vnd Jurist/ vnd Aduocatus supremæ Curiæ (ein Mann Bäpstischer Catholischer Religion) in jhrem Namen eine schöne Oration/ darinnen er diesen Castell vnnd alle Jesuiter gerichtlich anklaget/ gehalten. Hilff lieber Gott/ was eröffnet er da Gottlose feindtselige Schelmenstück/da mit diese Ordensbrüder heimlich vnd öffentlich/sonderlich wider das gantze Königreich vnd hohe Obrigkeit/ vmbgehen.

Wir wöllen nur wenig Stück auß derselben Oration (die er Philippicam in Iesuitas reos nennet) kürtzlich vnd Puncts Weise anziehen/ vnd mehrer Richtigkeit halber/ was nöhtig/ articulieren.

Als 1. Er gibet jnen Schuldt/vnd beweiset es auch/daß sie nach Geheiß jhrer Regeln vnd Ordens/ wann jhr General Oberster gebeut einen König/ er sey wer er wil/ vmbzubringen/ so müsse ers ohn Bedacht vnd vnverweygert außrichten/ denn sie müssen jm in allem vnd durch alles gehorsam seyn.

2. Mehr sagt er wahr/daß Anno 1589. da man in der Sorbona gedisputieret/vnd vnter andern vertheydiget: Die Vnterthanen köndten nicht vom Eydt der Huldigung/jhrem König gethan/erlassen werden/ da haben die Jesuiter das Gegentheil bestritten. Welches alles dahin gericht/ daß sie die Vnterthanen auffrührisch auffgewiegelt/ sich wider jhr Obrigkeit zu setzen/

wie

wie er dann spricht: Daß durch diese jhre Lehr zugleich Mordt/ Todtschlag vnnd Empörung sey durch gantz Franckreich angangen.

3. Sagt auch war/ daß der Jesuit Bellarminus vnuerschämbt sage/ der Bapst habe Recht vnd Macht/ daß er bald die Könige vnnd Fürsten auff Erden vmb Reich/ Land vnnd Leute bringe/ vnd jhnen dasselbe entziehe. Welches dann auch nicht anders lautet/ als daß die Jesuiter jhnen Macht/ jhres Gefallens/ durch Handtreichung deß Bapstes/ vber weltliche Monarchen zu gebieten/ nemmen.

4. Sagt war/ daß Ignatius Loyola ein Kriegsman/ da er an beyden Füssen lahm geschossen/ durch Hülff vnd Außbrüten deß leydigen Teuffels/ diese verfluchte zusammen geschworne Jesuiterische Rotte gezeuget hab/ die da der Kron Franckreich mehr Schaden zugefügt hab/ als Krieg/ Hunger/ Kranckheiten/ vnnd andere Feldstraffen Gottes.

5. Sagt war/ daß alle verrähterische Spandische/ Mördtliche Anschläg nirgend anders/ als eben in den Kirchen vnd Collegijs der Jesuiten seyn gehalten worden.

6. Sagt war/ daß sie mit List/ Tück vnd Fuchsschwäntzerey in die Academiam zu Pariß eyngeschlichen seyn/ mit dem Beding/ sich nicht mehr nach dem Namen Jesu zu nennen/ darüber sie doch meyneidig worden seyn.

7. Sagt war/ daß sie keine vom Adel in der Beicht absoluieren wöllen/ ehe sie sich mit einem Eydschwur auff die Liga vnnd wider jhren König verbunden.

8. Sagt war/ daß sie mehr als sechs Städte auffgewiegelt/ verrahten vnd schändlich der Kron Franckreich auß den Händen gebracht.

9. Sagt wahr/ daß Pichenatus, einer jres Ordens/ als er gesehen/ daß seine Anschläge wider den König nicht angangen/ sich so hart

so hart darob bemühet/daß er auch vnsinnig worden/daß man jhn auch mit Ketten in jhrem Collegio noch halten vnd binden müssen.

10. So erzehlet er auch einen verrähterischen heimlichen Brieff an den König in Spandien/welchem sie die gantze Kron Franckreich wolten verrahten.

11. Sagt wahr/daß sie stäts im Munde führen/Es solle seyn ein Gott/ein Bapst/ein allgemeiner König der gantzen Christenheit/nemlich der König in Spandien. Welches gereichet wider die Hochheit aller Könige vnnd Fürsten/in der gantzen Christenheit.

12. Sagt wahr/daß der Jesuiter Varadius, den Meuchel-Mörder Barricnum, der Anno 1593. im Augusto dem König nach dem Leben stund/ermahnet/angereitzet/vnd jhm ein Hertz eyngesprochen hab/er solte sich in seinem Fürnemmen nicht säumen/er könnte kein grösser Werck thun/den Himmel zu verdienen/als wann er den König vmbbrächte/wann schon derselb Bäpstischer Religion were/vnd seine Seele würde stracks vber sich zu Himmel fahren. Hat auch diese zukünfftige Sünde einem andern Jesuiten beichten müssen/der jn auch davon loß gesprochen. Ihn auch gestärcket/daß er in einer vergiffteten Ostien dem König vergebe. Welches dann ein Hellischer Mißbrauch ist der hohen Geheimnuß Gottes/damit sie beweisen/daß sie im Hertzen nichts von den Sacramenten halten/was sie mit Worten fürgeben.

13. Sagt wahr/daß in Flandern ein Jesuitischer Meuchel-Mörder auffgefangen sey/der da bekennet/er sey neben noch einem auß Spandien geschickt/den König zu ermorden.

14. Sagt wahr/daß der Jesuiter Comoletus, die History auß dem Buch der Richter am 3. Capitel vom Ehud ÿder heimlicher Weise den König der Moabiter Eglon erstach/zu erklä-

K   ren in

Der Dritte Theil/ Vom Leben der Mönche/

ren in einer öffentlichen Predigt hab fürgenommen: Darinnen er dieses also außgelegt/ daß er einen jeden vermahnet/ gleicher weiß wie Iohannes Clemens den König erstochen hette/ also solte noch ein jeder gleichsfalls ein solches zu begehen fürnemmen. Dann/ sagt er/ es ist vns noch ein solcher Ehud von nöhten/ es sey ein Mönch oder Landtzet/ ein Troßbub oder Stalljung/ da ist nichts angelegen/ Aber es ist vns noch ein Ehud von nöhten/ vmb einen Stich were es zu thun/ so hetten wir gewonnen Spiel. O Gott von Himmel/ seyn das nicht mördische Posaunen/ vnnd Teuffelische Todtschläger/ vnd Blutdürstige Rahtgeber.

15. Zeucht auch Annibalem Codictum einen Jesuiter an/ daß er im Buch/ zu Lugdun gedruckt/ geschrieben hab/ daß die Jesuiter vnsers HERRN Gottes Stubgesellen seyn/ die der Vatter dem Sohn Jesu Christo geschenckt hab/ daß sie jhm stäts zur Seiten seyn vnd Gesellschafft leysten. Fürwar sag ich/ wann der HERR Christus im Himmel/ Isabellam, Herodem, Pilatum, Neronem vnd Caligulam hette/ so könnte er ja nicht Blutdürstiger Stubengesellen vnd Gesellschafft haben.

16. Sagt wahr/ daß Guilhelmus Parrius, da er zum Tode verurtheilt worden/ bekennet hab/ daß ein Jesuiter Benedictus Palmius jhn vberredet/ es sey gar vergönnt vnd freygelassen/ alle Könige vnd Fürsten/ die der Bapst in den Bann gethan/ zu entleiben. Da dieser erwehnter Parrius, einem andern Catholischen Priester gebeichtet/ der jn berichtet/ Nein/ dieses were Vnrecht/ sey er wanckelmühtig worden/ vnd darob noch einmal einen andern Jesuiten Lodretum gefragt/ der hat diesen Priester für einen Ketzer gescholten/ vnd die vorige Meynung bethewret. Ja hinzugethan/ wann er das thun würde/ so würden jn die Engel bald auff jhre Schultern nemmen/ vnd gen Himmel führen. Hie höret wol auff jhr Churfürsten vnd Fürsten der Protestirenden

Nonnen vnd Jesuiten.

renden Stände. Es hat euch der Bapst im Concilio zu Triente gewiß anathematisieret, vnd in Bann gethan/ Darumb stehets nach der Jesuiter Lehr frey/euch vmb Leib vnd Leben zu bringen. Lehr deß Teuffels/der ein Mörder ist von Anfang.

17. Sagt wahr/ daß sie dieses alles/vnd was mehr also wider Gott vnd die Obrigkeit gehet/ die Jugend/ so sie vnterweisen/ lehren vnd eyntrieffen.

18. Sagt wahr/ daß sie einen fürnemmen Mañ mit Namen Airaldo Vicano im Peinlichẽ Halßgericht der Stadt Angeuins, seinen eltesten Sohn von 16. Jahren gestolen vnd heimlich weggeführet haben/ daß der Vatter nichts hab können von jhm zu wissen bekommen/ob schon viel geistliche Censurn an die Jesuiter ergangen.

19. Sagt wahr/ daß wie die Raben vnd Geyer warten auff alt vnd außgesogen Vich/ daß es dahin falle/ vnd zum Aaß werde/ also warten sie auff alte/ reiche/ abgehende Leut/ vnd nach dem sie jhrer Societet wenig oder viel außmachen/ also wissen sie jnen auch die Helle heiß/ oder das Paradieß süsse zu machen/ wie er dieses mit dem Exempel deß Jesuiters Maldonati vnnd andern mehr beweiset.

20. Sagt wahr/daß die Jesuiter allen Statuten der Academien vngehorsam vnd widerbellisch gewesen/ nach aller jhrer tückische Schalckheit da wider gehandelt: Vñ in dem sie/wider der Academien alten Gesetze/nichts für die Institution begeren/ haben sie jhnen doch solche Schätze gesammlet/ daß sie jährlich mehr dann zwo Tonne Goldts eynzukommen haben. Also in dem sie die geringen Hellerchen verachten/ suchen sie viel Ducaten vnd Portugalöser. Das heist darnach bey jhnen geistlich Arm seyn.

21. Sagt wahr/daß alle die/ so von den gifftigen Jesuiten vnterwiesen vnd instituiret seyn/ eine vnläßliche Gifft eynsauffen/ alles altes zu verneuwern vnd vmbzusetzen.

K ij   22. Sagt

22. Sagt wahr/ daß die Jesuitē hinderlistig das Reich Portugalien an Castilien zum König in Spandien verrahten: die alten vom Adel auß dem Sattel gesetzt/ vñ wunderlich Practicken getrieben/ sie auß dem Mittel wegzuheben/ vnd den Spannier bewogen/ daß er auff einen Tag durch den Hencker hab wegrichten lassen 28. Herrn/ 52. vom Adel vnd vnzehlich viel Landtsknechte. Itē sie haben auß den Franciscanern vñ andern OrdensBrüdern fünffhundert lassen schändtlich hinrichten/ darumb daß sie mehr an jhrem Landt König Antonium gehalten. Dieses wirdt bewiesen auß der Historien/ so zu Genua auß Befehl deß Königes auß Spandien gedruckt ist. Hilff lieber Jesu/ thun das die Jesuiten wider jre ReligionsVerwandten/ was wöllen sie wider vns Euangelische thun?

23. Sagt wahr/ daß sie den König in Franckreich/ Holofernem, Moab vnd Neronem gescholten haben/ Gott vnd die heylige Schrifft gelästert/ wenn sie die Wort Dauids/ Eripe me Domine de luto: Errette mich HERR vom Kohte/ vom Borbonischen Geschlecht (weil Bourbe auff Frantzösich lutum, Kohte heist) nach jrer verkehrten falschen Außlegung gedeutet haben. So spielen sie mit Gottes Wort vnd der Bibel.

24. Sagt wahr/ daß die Jesuitē ein Buch haben librum vitę, dahin sie verzeichnen/ alles/ was sie in der heimlichē Ohrenbeicht hören/ in welcher sie heimlich forschen vnnd verhören/ auß den Knaben/ Knechten/ Mägden/ was zu Hauß jhre Herrn heimlich sagen vnd thun. So seynd sie Verspeher vnd Kundtschaffer der Länder/ durch jhre Ohrenbeicht.

25. Sagt wahr/ daß zu Lugdun/ ein Jesuit eine Meß hab anfangen zu halten/ vnd vnter dem Volck einen Edelman gesehen/ der ein weisses Feldtzeichen der Kron Franckreich getragen/ habe er stracks vom Altar zur Kirchen hinauß gelauffen/ Auffruhr in der Satt anzurichten.

26. Sagt

26. Sagt wahr/ daß sie seyn die drgste Leute/ mit blutigen Händen/ die aller schadhafftigsten vñ vbermuhtigsten/ grausam geitzig/ welchen Glaub/ Ehr/ Gottsfurcht/ alle ehrliche vnd vnehrliche Stück schändlich zu kauffen seyn.

27. Sagt war/ daß je mehr Schelmen vnnd Bößwicht in Franckreich seyn/ je mehr sie es den Jesuiten zu dancken haben.

28. Sagt wahr/ daß die Jesuiter mit Fewer vñ Schwerdt jrer Castilier in new Jndien mehr dann zwäntzig mahl zehenhundert Tausent vnschüldige Seelen weggemetziget haben/ die sie in jhrer Histori selber Schäfflein nennen.

29. Sagt wahr/ daß sie die Jnsul klein Spandien also verheeret haben/ daß sie alle Manßpersouen auff einen Hauffen versamnlet/ vnnd die ins Bergwerck Golt zu suchen geschickt. Die Weibsbilder aber auch gleichfals am andern Orth zum Ackerbauw getrieben/ daß also innerhalb zwölff jaren/ weil kein Kinder gezeuget/ die Jnsul von jhren alten Eynwohnern verwüstet worden.

30. Sagt wahr/ daß ob sie fürgeben grosse Mirackel vnnd Wunderzeichen/ daß darob doch nicht so hart zu wundern sey/ dieweil sie dieses nicht mit predigen/ sondern viel mehr durch die blutdürstige Spandier gethan haben/ die da zu Perua vnd anderswo auff den offentlichen Märckten/ Torturhäuser auffgerichtet/ da sie auff einmahl Tausent zu gleich haben gefoltert/ gestöcket/ geblöcket/ mit glüenden Eisen vnd Haarseylen geplagt/ daß wann sie entkommen/ sich selbst/ jhre Weiber/ vnd kleine Kinder neben sich erhängt haben. Ja sie haben allda nach den Leuten gesagt vnd gehetzt/ nicht anders/ als man hie zu Landt Hirsch vnd Beeren fänget vnd schlägt. Item auch/ wenn sie in dem Krieg diese Arme Leute außführen/ gar kein Prouiand geben/ daß sie auch der erschlagenen Feinde Aaß fressen müssen. Da haben die heyligen Jesuiten gut Wunder zu thun/ vnd Christen zu machen.

K iij   Also

Also könnte Mahomet vnd der Teuffel selbst wol die Leute auff einen Glauben bringen/welchen er nur wolte. Hie sicht man auß/ was für ein Geist die Jesuiten treibt/ die mitten hie vnten seyn/ vnd solches alles/mit loben vnnd bewilligen/ damit man also die Catholische Religion vnd Spandisch Gebiet fortsetzte.

31. Sagt wahr/daß sie den König von Spandien einen Herren nennen/der da ist/der da gewesen ist/der da seyn wirdt: welche Wort genommen seyn auß der Offenbarung Johannis am 1. Capitel/ da sie Johannes allein vom Allmächtigen aussaget. Seyn die Jesuiter derowegen auch hiemit greuliche Gottes Lästerer/ die da schändtlich der Heyligen Schrifft mißbrauchen/ vnd Gottes Ehre/die er keinem andern geben wil/dem Menschen zueignen/welches Götzendienern zugehöret.

32. Sagt wahr/daß sie also dem Spandier fuchsschwäntzen/ damit sie durch jhn zu Herren vnd Cardinälen gemacht werden/ wie Toletus der Jesuit.

33. Sagt wahr/ daß die hohe Schul Sorbona, wie auch der höchste Raht zu Pariß/jhren Orden verworffen vnd nicht billichen haben wöllen. Anno 1555. vnd im Decret von dieser Societet bezeuget/daß sie gereichte zu Verschmählerung vnd Verwirrung aller andern alten Orden/vnd alle Ordnungen vñ Gehorsam im Geistlichen Regiment auffhübe/ vnd viel Hadders/ Zancks/Zwytracht/Neidt/Rebellion/vñ allerley Zerschneidung anrichtete/ vnd daß diese Societet mehr zum Verderben/ als zu Erbawung der Christlichen Kirchen gereichte. Wie dañ auch zu Rom ein Cardinal Barthol. Guidicionus gewesen/ der dieser jüngst außgebrüteten Societet hart bey dem Bapst widerstanden/sintemal im Concilio Lateranensi vnd Lugdunensi verhütet ist/nicht mehr Religionen oder Orden zu stifften/ noch zuzulassen. Da wir hören/ daß jhre Societet auch den allgemeinen Concilijs zu wider gestifftet ist. Wann sie derwegen auff die

Nonnen vnd Jesuiten.

Concilien eben so wenig geben/was klagen sie dann viel vber vns Lutheraner?

34. Sagt wahr/daß die Spannische Inquisition (welches der Jesuiten höchstes Gut ist) eine vnmenschliche barbarische vnd blutrunstige Werckstatt sey aller Wüterey/ vnd ein Spectackel schreckhaffter vnd zitternden Tragœdien/ derer gleichen Menschen Gedächtnuß nie erfunden hab.

Diese Artickel lieber Leser/ neben vnzählich viel andern/ hat der benannte Aduocat in seiner Oration vber die Jesuiter vnd jhren mördtlichen Mitbruder außgeführt/ der auch insonderheit am 80. Blat der besten Form deß Rechten protestieret/ vnd sich auff den ehrlichen Vmbstandt berufft/ daß er Catholischer Religion verwandt sey/ vnd er desto minder deß Glaubens halben in Verdacht (daß er solches auß Haß thäte) könnte gezogen werden/ sonderlich weil er dieses publico nomine, auß Krafft vnd von wegen der gantzen hohen Schul zu Pariß/ auch der zu Sorbonæ (welche im Anfang deß Euangelij Luthero stäts zu wider gewesen) hat reden müssen/ vnd hiemit derselben Supplication/wider alle Jesuiter/vbergeben.

Auff welche diese wahre Anklag in gesessenem Reichs Rahe das endliche Vrtheil gefället/wie recht/daß der Mörder Johann Castell der Jesuit bloß in einem Hembde vor die Thür der fürnembsten Kirchen zu Pariß gestellet/eine wächserne Hertz in der Handt haben/auff die Knie niderfallen/ vnd bekennen solte/daß er verrähterischer vnd schändtlicher Weise sich an dem König vergriffen/jhn zu ermorden: daß jhm dieses alles leyd sey/ Gott/ den König/ vnd die Justitien vmb Verzeihung bitte. Hernacher solte man jhn mit glüenden Zangen pfetzen vnnd reissen/ vnnd jhme die rechte Handt/darinnen er das Messer geführet/den König zu entleiben/ abschneiden. Vnd ferrner sein Leib von vier Pferden zurissen/ vnd in vier Stück getheilet werden. Letzlich die

Stück

Der Dritte Theil / Vom Leben der Mönche /

Stück mit Feuwer verbrennet / vnd die Asch in die Lufft zerstrewet werden solte. Hiemit ist auch zugleich ein Gebott außgangen vnd angeschlagen / daß alle Priester vnd Studenten im Collegio zu Cleremont vnd wer der Jesuiten Gesellschafft zugethan / als Verführer der Jugend / Zerstörer gemeines Friedens / vnd deß Königs / vnd der Weltlichen Policey Feinde / innerhalb 3. Tagen auß den Orten / da sie jhr Collegia haben / vnd innerhalb 14. Tag auß dem gantzen Königreich weichen solten / bey Leibsstraff.

Auff diese Weise haben die Jesuiten / derer mehr als zehen Tausend gewesen seyn / in der Eyle das Valet auß Franckreich genommen. Gnade Gott den Ländern / in welche sie sich wider eynnisten.

Es hat ein mächtiger Mann vnd Heldt / als er diese Bona noua von den Jesuiten gehöret / gesagt: Man solle sie in die Türckey schicken / daß sie den Türckischen Keyser vnd seine Baßschowen vmbbrächten / weil sie diese Kunst sonderlich wüsten / grosse Herrn vnd Majestättische Leute vmbzubringen. Oder wenn sie je die Vnchristen so wol bekehren könnten / so möchten sie es bey den Türcken auch wahr machen. Aber sie lügen nur gern in die ferrne.

So haben wir jetzt gehöret / was Jesuiten für Leute seyn / Fürwar sie machen die andern Ordens Brüder fromb / die da nichts seyn gegen die Jesuiter zu rechnen. Wer es nicht glauben wil / vnd noch Lust hat / die Jesuiter zu halten / der lasse sie doch in Franckreich ziehen / vnd von dannen ein Testimonium, wie sie sich verhalten haben / holen. Wo sie wider kommen / was gilts / ob sie beyde Ohren wider bringen? Wol dem Lande / das durch Franckreich flug wirdt.

Hievon wil ich nicht mehr sagen / sondern hiemit dieses letzte Theil vñ gantzes Buch beschliessen / da der Christliche Leser auß warhafften Geschichtẽ berichtet ist: Erstlich von d' Vnheyligkeit

der

Nonnen/ vnd Jesuiten.

der Bäpste. Zum andern/ von Geistlosigkeit der Prælaten. Zum dritten/ von der Vnsauberkeit der Mönche vnd Nonnen/ vnd die vberauß seyn von Vnheyligkeit/ Geistlosigkeit/ Vnsauberkeit/ hellischer Mörderey/ Verrähterey/ Tück vnd Geschwindigkeit der Jesuiten/ nicht alleine wider die Euangelischen/ sondern eben wider jhre Religions Verwandten/ die Papisten.

Auß welchem allem der Christliche Leser leichtlich zu schliessen hat/ daß diß Wesen/ das ist/ der Bapst mit allen diesen seinen Rottgesellen nichts anders als der Antichrist vnd Babylonische Hur sey/ davon in der Offenbahrung Johan. am 17. Cap. Vnd seyn wir doch nicht die ersten/ die diese Conclusion machen/ sondern schon für vierhundert Jahren also geschlossen ist vom Honorio Augustodunensi, wann er spricht: Wende dich auff die „ Geistliche Clerisey/ so wirstu finden in jhnen das Gezelt der „ Babylonischen Huren/ den Dienst Gottes verachten sie/ sie dienen dem jrrdischen Wucher/ sie besudeln das Priesterthumb mit „ Vnsauberkeit/ verführen das Volck mit dem Schein/ verleugnen Gott durch böse Thaten/ verwerffen alle heylige Schrifft/ „ so zur Seligkeit gehören/ vnd stellen Netze das Volck zufällen/ „ vnd seyn Blindeleyter/ die dem blinden Volck zum Verderben „ fürgehen. Schauw auch an der Möncherey Zunfften/ so wirstu „ auch in jhnen das Tabernackel dieser Babylonischen Bestien „ finden/ sie spotten Gottes mit erticheter Ordens Regel/ häuffen „ seinen Zorn/ zertretten jhre Regeln mit bösen Sitten vnd Leben/ „ betriegen die Welt mit jhrer Mönchs Kleydung/ verwickeln sich „ mit Weltlichen Händeln/ im Dienste Gottes seyn sie faul/ der „ mehrer Theil legt sich auff Schwelgen vnd Sauffen/ etlich verfaulen gar in Vnzucht. Schauw auch an die Nonnen Klöster. „ Da wirstu auch ein bereitetes Bette dieser Huren finden/ dann „ diese lernen von Kindtsbein auff Vnzucht/ vnd bringen jrer viel „ mit zur Verdammnuß/ verstecken sich also/ damit sie mehr den Zie- „

L gel

gel deß Vbermuhts mögen schiessen lassen/ allen Hurenhäng=
sten stellen sie sich dar/vnd werden mit dem Vnflat nimmer ge=
sättiget werden. Verwickeln die Hertzen der jungen Gesellen/ ja
je mehr sie verwickeln/ je lustiger sie seyn/ vnd der da mehr Bübe=
rey kan/ ist die beste Henne im Korb. Diß sagt er in Dial. de Præ=
dest. & lib. arbit. Ach was würde dieser geklagt haben/ wann zu
seiner Zeit die Jesuiten schon jung weren gewesen/ er würde jnen
noch besser auffgegossen haben/ vñ gar heyß abgebadet/ jnen eine
rechte scharpffe Säyffen der Wäscherin gewesen/ wie denn das
nicht anders jhr Vnflat erfordert.

 Hiemit wolte ich beschliessen/ wenn nicht noch ein nohtwen=
diger Punct mit anzuhencken mir eynfiel.

Ein Apology auff etliche vermuhtliche
Eynwürffe wider dieses Buch.

ES soll dem Leser nichts Newes seyn/ daß ich mich
entschuldige/ ehe ich angeklagt werde: Dann ich weiß fast
ein wenig der Jesuiten Sophisterey vnd Tücke/ die sie auff
solche vnd dergleichen Geschichte/ wenn sie jhnen fürgeworffen
werden/ im Bereitschafft liegen habe vñ herfür schütten pflegen/
daß ich hierdurch den Christlichen Leser mehr schützen vñ verwar=
nen wil/ als mich selber vertheydigen/ vnd die Jesuiter doch end=
lich erkennen lernen/ daß mit der Zeit jhre Sophistische Possen
in Lehr vnd Leben an die Sonne gebracht seyn.

 Dann werden sie zweiffels ohn sagen/ es seyn auch die hey=
ligen Patriarchen/ Propheten vnnd Apostel nicht ohn Laster ge=
wesen. Was hör ich? Solte der Bapst nicht mehr seyn/ als diese
Heyligen? Dann die ja nicht von jhnen außgeredet/ daß sie nicht
irren könten: daß jhnen alles zu thun erlaubt sey/ vnd jhre Ge=
walt grösser sey denn eines Apostels: daß sie ein Gott auff Erden
weren:

weren: Ja weil Andreas ab Exea außtrücklich sagt/deß Bapstes Gewalt sey viel grösser dann Moysis. Drumb gilt dieses nicht also zu schliessen vnnd zu entschuldigen/denn es ja mehr ist am Bapst: daß er ein solcher Gott auff Erden sündiget/als wann sich Moses vergreifft.

Zu dem mustu vnterscheiden/daß ein anders sey/mit einem Fehl obereylet werde/vnd das sündtliche Leben auß mehrem Fürsatz/Vbermuth vnnd Licentz zu sündigen treiben: Denn so sagt Iouius von Leone X. lib. 4. Pag. 188. Er habe etliche Tugenden mit Vnzucht verdunckelt/doch also/daß er mehr auß Wolluft seiner zarten Natur vnnd auß Königlicher Licentz vnnd Freyheit in diese Laster geführet sey/als auß verdorbener Vnart seines Gemüthes.

Zum andern werden sie vielleicht sagen/ich thue vnchristlich/ daß ich solche jhre Laster außbreite/dann man solle viel mehr mit Japhets Mantel die Schanden zudecken: Antwort/dieses ist wahr/vnd geschicht billich/wann die Sünden nicht Notoria vnd kundtbar seyn/Item/wañ das Schuldige Theil sich selber nicht rechfertiget/vnd noch Heylig heisset/wie dann die Bäpstler jhre Bäpste Allerheyligste Vätter heissen/die Orden also außschnützen/daß sie auch andern Leuten gute Wercke verkauffen können/ vnd gegen sich andere Stände verachten/wann dieses geschicht/ so muß man sagen/höret jhr Bäpste/schämet jhr euch es nicht zu thuen/so können wirs vns nicht schämen zu sagen/sonderlich weil es gereichet zur Warnung der Kirchen Gottes.

Zum dritten/werden sie hiezu anziehen den Augustinum, daß es der Ketzer Arth sey/auff der Kirchen Gottes Fehle Achtung zu geben. Aber wir antworten/daß wir leugnen/sie seyen die Kirche Gottes/vnd sagen/daß dieser Spruch hieher nicht gehöret auff vns/dieweil dieses nicht mein oder sonsten eines Lutherischen Thun ist/sondern mitten im Bapsthumb von jhrer

Apology auff etliche vermuhtliche

Lehr Verwandte geschrieben vñ auffgezeichnet/wöllen oder können sie dieselbe zu Ketzern machẽ/daß sie auff jr Fehl also Achtung gethan/so müssen wir es leyden.

Zum vierdten/werden sie gar subtil das Spiel vmbwenden/ vnnd sagen/ ja es sey eben dieses ein Zeugnuß der Heyligkeit deß Bapstumbs/ daß in demselben zu der Zeit gewesen seyn/ die solches gethadelt haben: Antwortet/ daß die/ so es gestrafft haben/ Ampts halber gethan/ offtermal aber selbst ärger gewesen seyn/ wie wir auch dergleichen Exempel eyngeführet haben/die es aber mit Worten vnd Wercken gethadelt/ die nemmen wir auß/ aber so mag deñ nicht eines Menschen Frommnigkeit/ auff das gantze Bapstumb erbẽ/ deñ obwol Gott von einẽ/ zwey/ dreyen geehret/ so ist doch der grösteTheil allzeit böß gewesen/vnd wölle noch nit die Boßheit nach geschehenenVermahnungẽ ändern. Daß aber etliche von jhren Sünden abgeschritten/ das ist ein Zeugnuß der ewig währenden Christlichen Kirchẽ/ auch vnter dem Bapstumb.

Zum Fünfften/ es seyen die alten Histori Scribenten verdächtig/daß sie auß Haß viel Dings geschrieben haben/vnd auß affecten solches geredet. Antwort: Daß eben dieser Eynwurff auß einem affect gegen dem Bapst/jhme zu fuchsschwäntzen herfleust. Vnd ist nicht hiemit bewiesen/weil man noch heut zu Tag im Augenschein sicht/daß die Fußstappẽ solcher Grewel noch vorhanden: vnd wer wil so närrisch seyn/ daß er nicht mehr Historisches Glaubẽs dem Platine oder Bennoni solte zusehren/ als einem glaublosen Jesuiten/der da verbeut jhm zu gläuben.

Zum sechsten/ Die Histori Scribenten stimmen nicht alle vber eyn:Es ist nichts dran gelegen/ denn solten wir so lang warten/ daß die Scribenten in allen Puncten vberein kommen/ so würden wir keinen Grundt der Geschichten vnd Zeiten nicht finden. Ist gnug/daß wir zween oder drey Zeugen haben/ darinnen die Warheit bestehet/ die Præsumption ist für die/ so runde herausser

Eynwürffe wider dieses Buch.

herausser die Laster straffen/denn dieses nicht vngefähr geschahe/ daß man diese Häupter straffen solte/wie jener sagt: Den Hasen könnte man wol streiffen an den Füssen vnd an dem Leibe: Aber/ sagt er/wann du an den Kopff kompst/so streiffe dich der Teuffel. So gieng es jnen an Leib vnd Leben/ wann sie solches nit verschweigen wolten/wie du dessen auch Exempel droben hast. Darvmb waren viel/die ein Blat fürs Maul namen/den Fuchß strichen/ vnd liessen jhn lauffen.

Zum sechsten/es sey viel Dinges ertichtet / als piæ fraudes (wie sie reden) die Leute von Sünden abzuhalten/vnd zu verhüten/daß sie nicht in dergleichen Sünde gerichten. Ey was man sagt? Ich dachte/die Papisten könnten nicht liegen. Haben sie eine solche Warheit/die man nicht erhalten kan/ wann man sie nit mit Lügen stützet: Doch muß ich sie hie eines erjnnern/ welches von jhrem Mitbruder dem Staphylo in seinem Buch/ welchs er den Nachdruck titulieret/Gottslästerlich schreibet: Nemlich daß er Vrsach wil anzeigen/warvmb vnter andern die Papisten dem gemeinen Mann verbieten die Bibel zu lesen: Denn sagt er/ in der Bibel seyn viel Exempel der Vnzucht/ Hurerey vnd anderer Laster/ da möchte sichs begeben/ daß vnerfahrne Leute durch das Lesen solcher Historien vnd Thaten verursacht würden/dergleichen Dingen nachzudencken/ vnd sich nachmals befleissen/ dasselb viel mehr nachzuthun/denn zu vermeyden. Spricht weiter/daß wir mit der Bibel nach Art aller vnzüchtigen Ketzern neben falscher Lehre auch Vrsach geben Vnzucht vnd Hurerey zu treiben/ wann für Frauwen vnnd Jungfrauwen auff der Cantzel öffentlich von Loth vnd Thamar vnd dergleichen Historien geprediget wirdt.

Ist dem also/jhr Gottslästerliche Mäuler(die jhr den heyligen Geist/der die Bibel geschrieben hat/scheltet)welcher Teuffel hat euch dann gelehrt / mehr piás fraudes von Hurerey vnnd
L iij andern

andern Sünden der gantzen Clerisey zu ertichten / in euwren Promptuarijs exemplorum, wenn es ja solt ertichtet seyn? Aber ich hoff gantz vñ gar auch auß deß Staphyli Grunde/es werde mit nichten ertichtet seyn / dann wie ist es müglich / daß die Papisten vnter einander vneins wehren / vnd in dem sie die Bibel straffen/ selber jhr eigene Bücher verdammen solten?

Zum Siebenden köñten sie sagen/was jener Münch Bruder Clags in Niederlandt gesagt vnd geprediget hat. Well / sagt er / man wirfft den Bäpsten / München vnd Nonnen für/daß sie Huren/Hurer vnnd Ehebrecher seyn. Aber denen sey zur Antwort / daß der HERR Christus gesagt hab/die Hurer vnd Ehebrecher werden für euch ins Himmelreich gehen. Dieser hat die Wort deß HERREN Christi also verstanden / daß wann einer ein Hurer vnd Ehebrecher wer / so gieng er fürhin ins Himmelreich/ vnd daher würden diese Heyligen den Fürtrab haben im Himmel / gnad Gott den andern. Dañ daß dieser solte von bußfertigen Huren vnd Ehebrechern gesagt haben/thut er nicht hinzu/ so reymet es sich auch nicht auff vnsere erzehlte Exempel/von welcher Buß wir nichts wissen / vnd der mehrer Theil in Sünden beharret/vnd abgeschieden ist.

Zum achten/könnten sie schlecht schelten / es were ein Lutheranischer Ketzer / der dieses Buch gemacht habe / man dürffe jm nicht antworten: Darauff sollen sie wissen / daß es kein Lutheraner gemacht habe: Dann ob ers wol zusammen getragen hat / so seynd doch nicht seine Wort/sondern der Alten Historien Scribenten/ so lang für Luthero gelebt / oder aber es müste die Lutherische Lehr auch für Luthero gewesen seyn/welches sie sonsten nit wöllen nachgeben/aber all zu wahr ist.

Zum Neundten/könnten sie außnemmen/wider etliche Scribenten/so sie nicht Bäpstisch halten/die doch hie (aber kaum vber ein oder zweymal) angezogen werden: Als da seyn 1. Appendix
Plati-

Eynwürffe wider dieses Buch.

Platinæ. 2. Erasmus. 3. Brutum fulmen. 4. Elias Hasenmuller. Darauff antworten wir zum ersten/daß wir Appendicem Platinæ für glaubwirdig halten/darumb daß jhn auch Ar. Pontacus Burdegalensis, ein Papist in seiner Chronographen glaubwirdig anzeucht/damit sie ja bezeugen/daß das Buch sey eins/darinnen die Warheit erzehlet werde. Zum Erasmo sagen wir/daß er mit nichten Lutherisch sey/sondern mit Macht wider Lutherum geschrieben vnd die Bäpstische Lehr bestritten habe/so muß er ja nicht anders als Bäpstisch seyn. Wöllen sie jhn aber auch nicht haben/so mag er sehen/wo er bleibt. Zum Bruto fulmine sagen wir/daß es kein Priuatschrifft sey/sondern im Namen der gantzen Kron Franckreich gemacht/da doch alles auß Bäpstischen Büchern vnnd Bullen außgeführet wirdt. Was endlich Eliæ Hasenmulleri Histori antrifft/sagen wir/daß er das meiste/do er noch vnter den Jesuiten/ein Papist gewesen/gefasset hab/denn ob er schon hernacher sich zu vns bekehrt hat/so nimbt doch dieses der Sache nichts. Zu dem so ist derselbe Ingolstadische Professor vnd Probst zu Cöllen Petrus Steuarcius,der die Jesuiten vertheydigen wöllen/bald für zwey Jaren von mir widerlegt worden/ vnd hat da seidher nichts darwider auffbringen können. Wie er dann auch anfänglich nichts auffgebracht hette/wann es nicht die Jesuitische Rott wider D. Polycarpum Leysern zusammen geschmiedet hette. Ferner kömpt hinzu/daß deß Eliæ Histori fast nach allen Puncten von den Newen Frantzösischen Aduocaten bestättiget wirdt/Als was er von gedichter Armut der Jesuiten sagt/was er vom Gehorsam jhres Generals schreibt: Item was sie für Verräther seyn. Was sie für Blutdürstige Anschläg zu Hof angeben/wie sie die Jugend instituiren vnd verführen/wie sie den Leuten die Kinder stehlen vnd abhändig machen/daß die andern Ordens Brüder vbel mit jhnen zufrieden seyn/was sie für heimliche Zusammenkunfften halten in jhren Collegijs, &c.

Dieses

Apology auff etliche vermuhtliche Eynrede/ꝛc.

Dieses vnnd anders mehr/hat Elias von jhrem Leben bezeichnet/ welches nunmehr die Erfahrung vnnd Zeugnuß auß Franckreich augenscheinlich vnnd vnwidersprechlich beweiset/daß ich weiß/Steuarcius wirdt sich nunmehr hierfür entfärben/denn der gute Mann hats wol selber so nicht glaubet/wann jhm jetzo der Glaub nicht in die Handt käme.

Zum zehenden vnd letzten/könnten sie den G. Biel wider vns auffbringen/der im Andern Theil seines defensorij prop. 6. sagt/ daß die verdamlich sündigen/vnd keine Hoffnung der Vergebung erlangen können/so da vbel von den gehorsammen Dienern deß Bapstes sagen. Aber hierauff antworten wir: Daß deß Bapstes Bullen/Ablaß vnnd gantze Krämerey/in diesen Teutschenlanden (Gott Lob) nicht mehr gilt/dann wir bedörffen solcher Wahrn nicht/darumb mögen sie nur damit zu rück heimziehen/vnd daselbst bleiben.

Das wöllestu ja O Gott verleihen/vnd diese alte Schlange mit allen jhren Schuppen/durch deinen Engel ergreiffen/vnd werffen in den Abgrundt/vnd verschliessen jhn/vnd versiegeln oben darauff/daß er deine Christen in Ewigkeit/weder mit Sauwerteig der Lehr/noch Boßheit deß Lebens weiter verführen könne. Das thue du O Gott Vatter/Gott Sohn/ Gott heyliger Geist/hochgepreiset in in der Ewigkeit/Amen/
AMEN.

Ende dieses Buchs.